왜 지금 고전인가

서양고전 입문자를 위한 안내서

왜 지금
고전인가

네빌 몰리 지음 | 박홍경 옮김

차례

1장
고전이 마주친 문제

2장
과거의 추적

고전이 마주친 문제

지식의 기초

/

　고전, 즉 고대 지중해 세계의 사회와 문화, 그리고 그 세계의 문학, 예술작품에 대한 연구는 왜 중요한가? 500년 전쯤이었다면 이러한 질문은 완전히 터무니없는 말로 들렸을 것이다. 고대 그리스와 로마에서 생산된 지식은 당시 유럽의 엘리트라면 당연히 알고 있어야 할 지식으로 인식되었으며, 자연계, 인간 사회와 정치, 예술을 이해하는 토대였다. (영적 세계 그리고 『성경』에 기록된 진실과 고전의 관계가 오히려 더 논쟁을 불러일으키는 문제였다.) 교회 덕분에 라틴어는 학문과 법 분야에서 전 유럽에 걸쳐 사용되는 언어였다. 15~16세기 인문주의 학자들이 교회 기관에서 제시하는 커리큘럼 대신 새로운 교육 체계를 발전시키기 시작했을 때조차도 고전은 모든 교육의 기초 역할을 했다.

나아가 라틴어는 모든 과학적 및 지적 소통에서 필수적인 매개체가 되었다. 뉴턴, 라이프니츠, 데카르트 같은 학자들은 그들의 주요 저작물을 유럽 전역의 독자들에게 전하기 위해 라틴어로 기록했다. 라틴어는 고대 로마의 문헌이라는 매체를 통해 고위층에 교육되었고, 때문에 역사에 관심이 별로 없는 학생이더라도 라틴어를 얼마나 잘 배우고 기억하는지와 상관없이 로마 문학과 문화를 상당량 흡수할 수밖에 없었다. 고전과 관련된 이름과 언급은 식자층의 대화와 편지에서 마치 자국의 문학과 역사에 등장하는 고유명사처럼 익숙하게 인용되었다.

보다 중요하게는, 고전어 학습은 고전의 지식과 지혜가 담긴 보고store에 접근할 수 있는 가장 좋은 수단이었다. 14세기 이탈리아에서 시작되어 이후 200년 동안 서유럽의 여러 지역에서 지식과 문화 활동이 왕성하게 일어나도록 퍼져나간 르네상스는 고전 학습이 다시 탄생한 시기로 인식되었다. 이 시기에는 고전 학습을 어둠과 종교적 탄압에서 회복시켜

그리스와 로마에 버금가는 문화적 성취를 이루고자 했다. 처음에는 라틴어 저자들을 통해, 나중에는 그리스 고전의 저자들을 통해 이뤄지다가 1453년 콘스탄티노플 함락으로 그리스어 사용자와 관련 문헌이 점차 서쪽으로 이동하면서 고전 학습은 이제 새로운 유럽의 손으로 넘어갔다.

학자들은 수백 년 동안 이 고대 문헌을 복제하고 재복제하는 과정에서 오류와 변형이 일어난 사실을 발견하고 문헌의 질을 높이는 일에 공을 들였다. 일부 학자들은 잘 알려지지 않은 도서관에서 잊힌 (또는 고의로 은닉된) 작품을 복원하거나 펠림세스트palimpsest (복기지)로 알려진 문헌에서 (문자 그대로) 행간을 읽고자 노력했다. 타키투스Tacitus나 오비디우스Ovidius 같은 저자들이 기록한 종이는 나중에 그리스도교 저술을 남기는 일에 재활용됐지만 원래 기록되어 있던 내용을 판독할 수는 있었다.

또 다른 학자들은 그리스 문헌을 라틴어로, 라틴어를 토착어로 번역하면서 고전을 널리 전파하는 일에 힘썼다. 예를 들어, 토머스 노스Thomas North는 플루타르코스의 『영웅전』을 영어로 번역했는데, 훗날 셰익스피어는 일부 플롯을 빌려오

"

라틴어는 고대 로마의 문헌이라는 매체를 통해
고위층에 교육되었고, 때문에 역사에 관심이 별
로 없는 학생이더라도 학습 과정에서 라틴어를
얼마나 기억하는지와 상관없이 로마 문학과 문화
를 상당량 흡수할 수밖에 없었다.

"

고 여러 차례 인용했다. 토머스 홉스Thomas Hobbes가 투키디데
스의 저서를 번역한 작품은 오늘날까지도 정치이론에 영향
을 미치고 있다.

고전에 담긴 지혜는 모든 지식의 원천으로 간주되었다.
과학은 아리스토텔레스로부터 시작되어 테오프라스토스
Theophrastos와 프톨레마이오스Ptolemaios 등이 연구를 이어갔고,
의학은 갈레노스Galenos로부터 시작되었다. 철학은 플라톤과
아리스토텔레스에게 시작되어 키케로와 세네카가 이어갔다.
역사는 헤로도토스Herodotos와 투키디데스가 창안했으며, 리비
우스Livius, 살루스티우스Sallustius, 타키투스Tacitus는 국가나 지도
자의 역사에 대해 기록하는 방법을 안내했고, 마키아벨리나
홉스 같은 정치이론가들에게 아이디어를 제공했으며, 야심
찬 청년 정치가들에게는 수사적 모형을 제시했다.

알렉산드로스와 카이사르의 군사작전, 전략과 전술을 담
은 고대 안내서는 오늘날의 군사학에도 영향을 미쳤다. 플루
타르코스는 『영웅전』에서 귀감이 될 만한 그리스와 로마의
영웅들을 소개하는 한편 유익한 격언을 방대하게 제공하여
인간이 세상에서 어떻게 행동해야 하는지에 대한 사실상 완

전한 교육을 제시했다.

한편 예술가들은 고대인들이 시, 연극, 조각, 건축 분야에서 거둔 성과에 주목했다. 아리스토텔레스 등의 비극, 퀸틸리아누스Quintilianus의 수사학, 오비디우스의 시, 비트루비우스Vitruvius의 건축에서 발전된 개념을 살피면서, 각 작품이 어떻게 효과를 발휘했는지, 예술가들은 어떤 규칙을 따라야 하는지를 고찰했다. '일상생활'도 연구 대상이었다. 바로Varro가 집필한 농업편람 등은 오늘날 우리가 보기에는 전혀 다른 영역에 속하는 부동산 소유자들에게 중요한 조언을 담은 자료로 각광받았다.

그리스인과 로마인이 남긴 작품이 지식과 이해, 실용적이고 이론적인 지혜의 원천으로서 중요성을 갖는다는 사실은 반박할 수 없다. 그렇더라도 고전에서 서로 다른 의견이나 실천지침을 불가피하게 마주쳤을 때 어떤 고전을 따라야 하는지에 대해 거대한 토론이 벌어졌다. 『성경』 및 『성경』에 기반을 둔 전통과 고전 학습의 관계에 대한 질문은 19세기를 훨씬 넘어서까지 이어졌다. 이를 테면, 우주의 현상이나 (유일한 혹은 여러) 신의 역할, 또는 분명하게 엇갈리는 역사의 서술처럼 특정 주제를 놓고 고전과 성경적 자료가 보이는 서로 다른 관점을 조화시키기 위해 노력할 것인가? 아니면 어느 한쪽에 유리하게 갈등을 해결할 것인가? 그것도 아니면 문제를 회피할 것인가?

예술가와 과학자 입장에서 이보다 더 곤란한 질문은 '고전 시대 이후의 사람들이 다양한 영역에서 고대인들에 필적하거나 그들을 능가하는 일이 어느 정도 가능한가'였다. 고대의 성취가 위대하다는 점에 의문의 여지가 없으며, 고대의 성취는 완전하고 완벽하여 근대에는 그저 모방하고 고전 작품 가운데 선택하거나 기껏해야 이미 수립된 지식에 사소한 주석을 달 수 있을 뿐인가?

고대와 근대

/

이미 17세기 중반에 많은 학자들은 고전의 권위에 절대 항복해야 한다는 '오래된' 견해를 지지할 수 없다고 생각했다. 과학, 수학, 기술, 최신식 연구와 조사 분야에서 고대를 훨씬 뛰어넘는 성과를 냈고, 태양계의 구조와 같이 주요 분야에서 고전의 권위, 『성경』의 권위에 배치되는 결과가 도출되었다. 1690년 윌리엄 템플William Temple이 『고대와 근대의 학습에 관하여On Ancient and Modern Learning』에서 왕립협회의 진보주의자들을 공격하면서 근대인이 더 멀리 볼 수 있는 이유는 거인들의 어깨에 올라 있기 때문이라고 주장했지만, 이는 고전의 권위가 그 자체로 충분하거나 완전하지 않다는 점을 확실하게 인정하는 셈이기도 했다.

그 결과, 고전 학습은 근대의 지식과 이해에서 점차 중요
성을 잃어갔다. 이러한 맥락에서 볼 때 라틴어의 유용성은
고대 사상의 보고에 접근할 수 있다는 점보다는 언어의 범위
를 뛰어넘어 동료 과학자들과 소통을 가능케 한다는 점에 있
었다. 또한 라틴어는 학창시절과 연관된 기본 기술로 인식되
었을 뿐 일생 동안 계속 관심을 가질 필요는 없었다.

고대의 미학적 원칙이 영원히 유효하다는 신념은 상당
기간 지속되었다. 실제로 예술가들이 모범으로 삼아야 할 핵
심에 고전 작품이 있다는 주장이 종종 제기되었다. 예를 들
어, 18세기 J. J. 빙켈만J. J. Winckelmann의 고전 조각에 대한 권위
있는 연구는 〈벨베데레의 아폴로〉 같은 작품을 '고결한 단순
성과 평온한 웅장함'의 전형으로 제시했다.

하지만 갈수록 고전 규범의 고수는 유일하게 용납된 형
태가 아니라 여러 미학적 가능성 가운데 하나인 예술적 선택
이 되었다. 17세기 프랑스의 극작가 장 라신Jean Racine처럼 고
전의 플롯을 기초로 비극을 쓰면서도 아리스토텔레스가 『비
극론』에서 제시한 원칙을 지킬 수 있을 것이다(다수의 고전 비

<그림 1> <벨베데레의 아폴로>. 사라진 그리스의 청동 조각상(기원전 4세기)을 로마시대에
복제한 작품(2세기). 고전의 완벽한 아름다움을 보여주는가?

극들이 아리스토텔레스가 언급한 규범과 동떨어져 있다). 하지만 라신 시대의 많은 이들은 연극에 여러 다른 접근법을 모색했다. 존 밀턴의 『실낙원』은 고전 서사시와 겨루기 위한 시도였으며 고전의 영향을 받고 고전의 모형을 모방하려는 시도 못지않게 그리스도교 맥락에서 서사시의 집필이 어떤 의미를 갖는지 살폈다.

게다가 물질적 조건과 사회적 조건에서 과거의 고전과 현재 사이에 차이가 있다는 인식이 점점 커지면서 고전 지식의 유효성과 유용성에 대한 의문이 제기됐다. 간단히 말하자면, 세상은 과거와 현재의 차이를 무시할 수 없을 정도로 변했다. 유럽 경제의 발전과 새로운 생산기술은 물질적 풍요로 이어졌으며 사람들은 고대인을 훨씬 뛰어넘는 수준으로 자연에 영향력을 행사할 수 있었다. 이런 변화의 결과들을 여전히 고전적 접근으로 해석할 수도 있었고, 일부는 그것들을 '사치'라며 비난했다. 로마가 부유해지면서 부패가 시작됐다고 주장한 살루스티우스sallust처럼 사회적, 도덕적 재앙을 예언하기도 했다. 고대 세계에서 실제로 경제적, 기술적 혁신이 일어났다고 설득력 있는 주장을 펼치기란 쉽지 않았다.

정치경제와 기타 초기 단계의 사회과학 등 새로운 형태의 지식은 근대 발전에 대한 대안적인 설명을 제공했다. 이러한 설명은 근대인들에게 세계를 이해할 수 있을 뿐만 아니라 지적 도구를 과거에도 적용하여 그리스와 로마 시대를 당대인들보다 더 잘 이해할 수 있다고 약속했다. 이러한 관점에서 보면 고대의 유물은 후진적이고 원시적이었다. 근대인이 모방하려고 하는 모든 문명의 정점과는 거리가 멀었으며, 근대 유럽이 도약하고 여러 분파로 나뉘는 원점 정도로 인식되었다.

이 같은 역사적 전개가 항상 긍정적 반응을 얻었던 것은 아니다. 근대성, 과학, 이성이 선사한 새로운 힘과 활력에 찬사가 이어졌으나 한편으로는 고대에서 멀어진 결과 완전성, 진실성, 혼, 미를 상실했다며 한탄했다. 독일 시인 프리드리히 실러는 「그리스 신들」(1788)에서 "현자들이 말하듯 불덩이들은 무감각하게 도는데 헬리오스는 근엄하게 황금마차를 몰았네"라고 한숨지었다.[1]

그리스 문화에 대한 흠모는 18~19세기에 절정에 달했는데 근대 예술가들은 근대사회가 지닌 모든 이점에도 불구하

> 근대성, 과학, 이성이 선사한 새로운 힘과 활력에 찬사가 이어졌으나 한편으로는 고대에서 멀어진 결과 완전성, 진실성, 혼, 미를 상실했다며 한탄했다.

고 고대에 필적하는 작품을 만들지 못하는 이유가 무엇인지에 대해 의문을 품었다. 영웅주의와 신화의 서사 전통을 세운 아킬레스를 힘, 우위, 인쇄기로 만들 수 있는 것인지 칼 마르크스는 궁금하게 여겼다. 보다 '원시적' 시대의 문화적 산물에 이토록 향수를 느껴야 하는 이유는 무엇인가?[2] 신화성을 없애고 환상에서 벗어난 근대성이 오늘날 이어지고 있음을 근대적 삶이 완전히 형편없지는 않다는 시인 케이트 템페스트Kate Tempest의 주장에서 볼 수 있다.

> 우리의 색채는 어둡고 회색빛이야
> 하지만 어쨌든 똑같이 전투는 이어지고
> 그리고 우리는 여전히 신화적이야.[3]
>
> * 케이트 템페스트, 홍상유 옮김, 『아주 새로운 고대인들』 에피파니, 2017년

고대와 근대의 차별화가 서서히 진행되고, 진보(또는 변화)에 대한 신념이 커지며, 우월성(또는 차이)이 축소되었다고 해서 고전 지식의 중요성이 완전히 상실됐다고 볼 수는 없었다. 어떤 면에서 고전 지식은 근대 유럽 문명과 문명 특유의

성질, 동력을 이해하는 수단으로서 중요하게 간주되었다. 유럽의 기원에 대한 연구와 함께 익숙한 사료를 다른 증거와 비교해 평가하고 비판하고 시험해볼 필요가 있다는 인식이 높아졌고, 이는 과거의 고전을 더욱 정교하게 연구하도록 자극했으며, 현재 남아 있는 원문보다는 소재에 주목하도록 만들었다. 18세기에는 고대 그리스의 기념물을 재발견하는 작업이 진행되었고, 북유럽 지배층의 자제들이 지중해로 만유여행Grand Tour을 떠나 고대의 유적지를 둘러보면서 고대 그리스, 로마와 근대 서유럽 문명 사이의 특별한 연관성을 발견했다. 이와 동시에 기원에 대한 새로운 신화를 형성하고 근대 유럽인들을 고대 문명의 진실하고 직접적인 계승자로 낙점했다.

고전 지식은 과학 분야에서는 아닐지라도 일부 지적 활동 분야에서는 여전히 가치를 인정받았다. 플라톤과 아리스토텔레스는 철학 분야에서 20세기까지도 명성을 유지했으며, 투키디데스는 역사학에서 명성이 높았다. 예술가와 저술가들은 다양한 형태의 고전 신화에서 힘 있고 융통성 있는 소재를 지속적으로 발굴했다. 고대의 건축은 중요한 모형으로 위상을 유지했는데 특히 프랑스, 영국 등 제국 열강은 세계 지배가 석재를 통해 표현되고 확대되는 방식을 배웠다.

하지만 근대 세계의 예술가들은 고대의 모델을 맹종하며 모방하기보다는 참신함을 더하고 새로운 물질로 재작업을 했으며, 새로운 사회 형태에 걸맞은 색다른 표현양식의 발전을 계속 요구했다. 고전 문화는 소설과 교향곡이라는 전형적인 근대의 창작물에 거의 영향을 미치지 않았다. 고전 양식은 안전하고 보수적이며 부르주아의 취향과 긴밀하게 연결되었다. 모더니즘이 고대 유물과 약간이라도 연관성을 맺는 부분을 찾는다면, 가공되지 않은 신화를 빌려와 고전의 성질과 다른 날것의 특성을 강조하는 형식을 취했다는 점이다. 파블로 피카소의 <미노타우로스>(1935), 스트라빈스키의 <오이디푸스 왕>(1927)이 그 예다. 제임스 조이스는 『오딧세이』를 재작업한 『율리시스』(1922)에서 세이렌과 키르케 대신 더블린의 술집 여급과 매춘부를 등장시켰으며 고전 시에 통용되던 언어와 일상어의 시를 뒤죽박죽 섞었다.

아! 오우! 그런 소리 말지라! 나는 요놈의 파인트 술이 먹고 싶어 정말이지 진저리가 났었도다. 하나님께 선언하나니 나는 술이 꿀꺽 소리와 함께 나의 위장 밑바닥을 치는 소리를 들을 수 있었도다.

그런데 볼지라. 그들이 환희의 잔을 들이켰을 때, 신 같은 전령사, 천국의 눈(태양)처럼 찬연한, 한 단정한 젊은이가 급히 들어왔는지라 그리고 그의 뒤를 고상한 보행과 용모를 띤 보다 나이 많은 자가, 신성한 법전을 손에 들고, 통과했도다, 그와 함께 그의 숙녀 아내, 무쌍가문의 마담, 여성들 가운데 최고 미인이.[4]

* 제임스 조이스, 김종건 옮김, 『율리시스』 생각의나무, 2007년

조이스의 소설은 고전 이야기에 내재된 힘에 의지하지만, 고전의 웅장함과 고결함을 오로지 조롱할 목적으로 언급했으며, 과거가 지니는 본질적인 우수성에 관련된 모든 아이디어를 거부했다.

고전의 발견

/

　학문으로서의 고전, 자체적인 규칙과 관행을 갖춘 별도의 지식 영역으로서 고전이 부상한 시기는 18세기 후반, 즉 고전의 권위가 붕괴할 때였다. 물론 르네상스 인문주의자와 그 이전 시대에서 고전이라는 학문의 혈통과 학문적 습성, 교육상 기법을 발견할 수도 있다. 근대 초기의 학자들에게 고전 지식과 언어는 물고기와 물의 관계와 같아서 물고기가 생활하고 있는 환경 너머를 상상하지 못하는 형국이었다. 하지만 이제 지적 생활에는 발이 생겨나 육지를 탐험하기 시작했다. 학자로서 기량을 뽐내기 위한 경우가 아니라면 라틴어로 기록을 남기는 이는 거의 없었으며 진지한 과학 연구나 당대의 문제를 연구하는 사람들은 그런 성향이 더 짙었다. 고전어의 유창한 구사는 당대에 사용하기 위해서라기보다 과거 문헌의 연구를 가능케 하는 기술로 개발되었다. 학교와 대학 교육에서는 실용성이 큰 학문의 중요성이 커졌다.

게다가 수백 년 동안 학자들이 그리스와 로마 시대 작품을 읽기 쉬운 형태로 번역한 덕분에 유럽의 주요 언어를 구사하는 사람이라면 고전어 지식이 없어도 고전 문화와 학습에 중요한 작품을 활용할 수 있었다. 어떤 학자들은 좀 더 중요하고 일관성 있는 기술을 위해 고대 역사학자들의 여러 저작물을 집대성하여 그리스와 로마의 역사와 사상에 대한 편리하고도 정확도 높은 설명을 제공했다. 예술가와 건축가는 고전 예술품과 건축물을 직접 관찰하거나 복제품, 모방작, 도해를 연구하여 영감을 얻었다. 창의적인 작가라면 고전어의 이해가 부족하거나 전무하더라도 그리스 비극의 각색, 신화의 개작이나 번역, 의역 등 다양한 형태로 고전 문화를 접할 수 있었다. 존 키츠John Keats는 조지 채프먼George Chapman이 1616년에 번역한 호메로스의 작품을 접한 느낌을 다음과 같이 표현했다.

소문으로 익히 들으면서도 여태껏

깊은 이마의 호메로스가 다스리는 나라

그 티 없는 맑음을 숨 쉬지 못했더니

이제 채프먼의 우렁찬 소리로서[5]

* 존 키츠, 김우창 역, 『가을에 부쳐』 민음사, 1991년

시에서 키츠는 영어 버전의 호메로스와 그리스 '원전'의 차이를 언급하지 않는다. 그는 호메로스의 시를 영어로 쓰는 다양한 접근법을 비교하면서 채프먼의 '활기차고' 자유로운 버전이 훗날 알렉산더 포프Alexander Pope나 존 드라이든John Dryden 의 우아하면서도 훨씬 고전에 정통한 번역보다 낫다고 평가 했다. 키츠는 당대에는 적절한 고전 교육을 받지 않았다며 조롱을 받았던 시인이었으니 일각에서는 그가 포프나 드라 이든에 의지하는 것조차 지적 열위를 드러낸 증거라고 생각 했을 것이다. 하지만 이는 키츠가 자기 시대를 살면서 고전 에 대해 적극적인 상상력을 발휘하고 교감하는 데 장애가 되 지 못했다.

고전고대의 문화상품은 근대 이후 일부 영역에서는 설

자리를 잃었지만 다양한 지적 활동 분야에 영감을 계속 제공했다. 하지만 이러한 영향력의 행사를 이어가도록 뒷받침하는 학문을 정립할 필요가 있는지에 대해서는 의문을 제기할 수 있다. 이제 사람들은 라틴어나 그리스어를 진지하게 배우지 않고도 고대 문화의 정수에 접근할 수 있다. 또한 고대에 대한 학문적 연구를 철학 이외의 학문으로도 수행할 여지가 생겼다. 예를 들어, 그리스와 로마의 역사는 고대 문자가 새겨진 기념비를 포함해 광범위한 증거를 활용하는 역사학자들에게 맡길 수 있었다. 이들은 특히 대량으로 수집된 물질적 증거를 활용하며 다른 고대 문화와 유용한 비교를 수행할 수 있다. 로마법 연구는 대체로 라틴어 전문가보다는 법학자가 많았다. 그렇다면 철학, 정치학, 사회학에서 고대를 연구하지 못할 이유가 있겠는가?

그리스와 로마 문화의 유산으로서 고전이 중요한 의미를 지니고 또 앞으로 계속 중요성을 인정받는다 하더라도 같은 논리가 고전학이라는 학문에 자동으로 적용되지는 않았다. 19~20세기 대학이 신설되고 교육 전반에서 여러 개혁이 수행되는 격변이 일어나면서 고전은 소멸되거나 다른 학문으로 분리되어 기껏해야 언어 학습의 잔당으로 축소될 위협에 계속 노출되었다. 학자들이 고대 유물의 해석을 시도할 때 고전학자가 아닌 역사학자나 철학자, 또는 미술사가가 나섰다.

이 같은 현실적 위협은 영국을 제외한 국가들에 설립된 많은 대학에서 고대 관련 연구 전반을 문헌학자와 관련 학과에 맡기는 대신 고대사는 역사학과에, 고대 철학은 철학자들에게, 사료 연구는 고고학에 맡긴 데서 확인할 수 있다. 다행히 고전학은 격변을 피해 19세기 학교와 대학에서도 명망 높은 학문으로 인정받았으며 역사처럼 비교적 최근에 등장한 경쟁자들 틈에서 구별된 역할을 맡아 오늘날 학문으로서의 위치와 위상을 형성했다.

우리는 19세기 초에 필요했던 변화를 철학자 G. W. F. 헤겔의 『고전 연구에 대하여On Classical Studies』(1809)에서 엿볼 수 있다. 헤겔은 독일에 새로 도입된 교육 체계를 고찰하면서 라틴어는 "교육의 보편적이면서도 유일한 토대로서 오랫동안 인정받았던 가치를 상실했다. 더 이상 그 자체로 중요성을 인정받지 못했다"라고 주장했다. 고대와 근대의 거대한

"

다행히 고전학은 격변을 피해 19세기 학교와 대
학에서도 명망 높은 학문으로 인정받았으며 역사
처럼 비교적 최근에 등장한 경쟁자들 틈에서 구
별된 역할을 맡아 오늘날 학문으로서의 위치와
위상을 형성했다.

"

차이를 고려하면 매우 적절한 변화라고 그는 밝혔다.

우리에겐 근대의 성취, 모든 예술, 과학 분야의 진보와 깨달음
이 그리스와 로마의 후손을 구속하던 옷을 낡고 작게 만들어
이제는 방해 없이 우리의 영토로 나아갈 수 있다고 말할 권리
가 있지 않은가?[6]

과거와 현재 사이의 이질감을 환기시키는 일은 고전 연
구의 가치를 전체적으로 떨어뜨리는 근거가 될 수 있었다.
헤겔은 고대의 작품에 "기억, 더 이상 필요 없는 고대 유물의
학습, 역사적 의미만 무성하다"며 지나치게 범위가 좁고 제
한적이며 교육의 본질과 목적에 반한다고 주장했다.

탁월함에서 출발해야 한다는 데 동의한다면 고상한 연구의 기
초는 그리스 문학에서, 그다음에는 로마에서 쌓아야 할 것이다.
기초를 다질 때 고전을 일반적이고 형식적으로 접하는 것으로
는 충분치 않다. 고대인의 숨결을 느끼고 그들의 사상, 태도를
흡수할 수 있도록 우리의 임시공간을 고전으로 채워야 하는데

혹자는 고대인의 오류와 편견까지 받아들일 가능성을 제시할 것이다. 그러면 그 어느 때보다도 공정한 시각으로 이 세계에 돌아올 것이다[7]

헤겔에게 교육이란 단순히 지식에 국한되지 않으며 마음과 정신의 개발과 연관되어 있다. 고귀한 목적을 이루기 위해서는 고대 세계에서 제작된, 가장 완벽한 명작을 지속적으로 접해야 한다. 그러려면 대충 아는 정도가 아니라 깊이 있게 지속적으로 관계를 맺어야 한다. 즉, 물리적으로 온전히 몰입하여 고대인의 숨결을 느끼고 그들의 태도와 더불어 편견마저 흡수해야 한다.

헤겔의 에세이에는 고전학을 방어하려는 여러 근대적 시도에서 여전히 발견되는 몇 가지 중요한 지적 운동이 요약되어 있다. 그리스와 로마 시대 문화상품이 지닌 탁월함, 완전함, 영광은 당연시되며 고대 문화 전반, 인간으로서의 자질과 연결된다. 게다가 유럽에서 전해 내려온 유산 가운데 우리에게 영향을 미치는 것은 세계 다른 지역의 문명보다 우수한 고전 문화뿐이다. 중국이나 인도에도 그 나름의 '고전'이 있겠지만 비교적 원시적이고 이질적이다. 고전을 아는 것은 단순히 지식을 접하거나 과거와 동일시하는 작업이 아니라 고대의 의식에 입문하는 것이요, 고대 세계로 들어가려는 시도이자 가능한 한 고대인들과 유사해지려는 시도다. 고대인들이 우월한 존재이자 인간개발의 모형으로 인식되기 때문이다.

과거에 완전히 몰입하려면 오직 고전 문화의 진정한 생산물과 직접 교감하되 고대 사상에 접근하는 핵심인 고전어에 정통해야 하며, 부적절한 번역, 부족하고 부분적인 번역을 거쳐서는 안 된다. 고대 문명의 유산은 정신적으로나 지적 측면에서 가장 세련된 작품으로 인식되고, 과거 시대의 천박함이나 바람직하지 않은 면은 기꺼이 간과되며, 현재 남아 있는 문헌이 고전고대인들이 남긴 작품의 극히 일부라는 사실도 걱정할 필요가 없다. 요약하자면, 고전은 그리스와 로마 문화가 인간이 이룰 수 있는 성취의 절정이며, 한층 높은 수준의 존재와 이해를 향하는 수단이라는 점에서 중요하다. 학문으로서의 고전은 학습자를 선택받은 입문자 무리로 인도하는 유일한 길이라는 점에서 중요성을 갖는다.

물론 헤겔의 이상적인 관점에는 색다른 면이 있다. 예를 들어, 영국 사립학교의 고전 옹호자들은 고전 문화가 지니는 본질적인 우월성에 관해 실용적인 주장을 더했다. 고전어를 학습하면 청년들이 모국어를 더 잘 이해할 수 있다는 주장이다. (여기에서 굳이 '청년young man'이라고 표현한 이유는 고전이 전적으로 소년들의 교육에 국한되기 때문이다.) 이러한 주장은 토착어의 문법 규칙이 라틴어 문법을 따르도록 고안된 경우가 많다는 근거에서다(분리부정사의 금지는 별개의 문제다). 문헌학 기술은 비판적이고 분석적인 사고를 위한 이상적인 기초인 반면, 영문학은 진지한 학문 연구가 아닌 쾌락을 위한 단순한 읽기에 불과하며 자연과학자는 그저 암기를 통해 학습하고 로봇처럼 실험을 수행할 뿐이라는 주장도 제기된다.

동시에, 고전이 실용성과는 거리가 있고 심신 개발에 집중한다는 이유에서 신사들이 연구하기에 적합하다는 주장도 있다. 고전은 귀족 남성 교육의 전형으로 각광받았다. 특히 영국에서는 20세기를 훌쩍 넘은 시기까지도 옥스퍼드와 케임브리지에 입학하기 위해서는 고전어 능력을 반드시 갖춰야 했다. 고전이 신분을 드러내는 표시가 되면서 위상이 높아지는 한편, 엘리트를 양성하는 학교에서는 고전 교사의 수요가 계속 창출됐다. 이 교사들은 고전어의 영속 가능성에 이해가 걸려 있는 핵심 집단이었다. 1950년대에 영국 교육체계를 신랄하게 비판한 나이젤 몰즈워스Nigel Molesworth는 "라틴어가 없다면 라틴어 교사는 일자리를 잃기 때문에 그 존재의 필요성을 계속 주장할 수밖에 없다"라고 말했다.[8] 고전학은 과거부터 누려온 명성, 패기 넘치는 서구 제국주의자들이 문화적 우수성을 드러내는 표시로서 지니는 관념적 힘을 토대로 명맥을 유지했다. 고전학자는 다재다능한 인물로서 해외로 진출하여 제국을 지배할 때 함께 데려가고 싶은 사람들이었다. 유럽 밖 세계의 무지한 사람들에게 그의 지혜를 들려주기 위해서였다.

'우리 고전학자'

/

여러 세대에 걸쳐 남학생들은 유럽 엘리트 교육의 전형으로 자리 잡은 고전 강의를 경청했다. 여러 세대에 걸쳐 고전 교사들은 고전 연구가 중요하다고 주장했다. 그러던 중 학계에 불만이 커진 한 고전학 교수가 반대 목소리를 냈다. 특히 교수는 자신의 첫 번째 저서에 대해 독일 고전 전문가 집단 전체가 노골적인 적대감은 아니더라도 회의적인 반응을 보인 점에 불만을 품었다. 저서에서 그는 고전 학습이 현재에 갖는 실제적이고, 살아 있으며 중요한 관련성을 드러내고자 노력했다.

우리 문화는 완전히 거세되고 허위인 고전 연구에 기초한다. 고전 연구가 얼마나 효과가 없는지 확인하려면 문헌학자들을 관찰하기만 하면 된다. 그들은 고대를 연구했으니 최고로 교양 있는 사람들이어야 할 것이다. 그렇지 않은가?[9]

프리드리히 니체가 보기에 답은 '그렇지 않다'였다. 그는 미발표 에세이 「우리 문헌학자 Wir Philologen」에서 학문으로서의 고전을 맹비난했다. 고전학자들이 고대의 진정한 특징과 의미를 이해하지 못하며, 자신이 『비극의 탄생』에서 어떤 기여를 했는지 인정하지 않았기 때문이었다.

몇 년 전인 1872년에 발표된 『비극의 탄생』은 대체로 동료 학자들에게 무시되었다. 니체는 당대 고전학자들이 과거의 고전을 터무니없이 이상화하는 경향이 있으며 이로 인해 고대 세계의 복잡성과 힘을 잘못 이해하고 있다고 주장했다. "고전학자들에게는 고대의 굳건하고 강한 특성을 향한 열망이 없다. 그저 예찬자가 되어가며 점점 터무니없는 주장을 하고 있다." 동시에 고전학자들은 교육자로서나 인간으로서도 실패했다.

고전학자의 기원에 질문을 제기하면서 다음을 발견했다. 1. 청년은 그리스인과 로마인의 본질에 대해 일말의 이해도 할 수 없다. 2. 그는 자신이 고대를 연구하기에 적합한지 알지 못한다. 3. 특히 그는 실제로 본인이 갖추고 있을 지식에 비추어 자신이 어느 정도나 교사에 적합한지 알지 못한다. 그러다 그가 이 길을 가기로 결심하게 만드는 것은 그가 가진 지식이나 과학적 소양이 아니라 (a) 모방, (b) 학창시절부터 이어진 작업을 계속할 때의 편리함, (c) 생계를 이어가려는 목적이다. 다시 말해, 백 명 중 아흔아홉은 고전학자가 되어서는 안 되는 사람들이다.

니체는 처음에는 철학과로 옮기려 했다가 건강이 악화된 후에는 아예 학계를 등지면서 고전학자들에 대한 멸시를 드러냈다. 여러 문제에 대해 그랬듯 니체는 고전 연구를 이해한 방식에서도 기이한 구석이 있었으며 일반적인 학문의 한계를 훨씬 뛰어넘는 수준이었다. 그 결과, 그의 주장은 훨씬 더 흥미롭고 자극적으로 다가왔다. 나중에 독일 고전학계의 중진이 되는 울리히 폰 빌라모비츠 묄렌도르프Ulrich von

Wilamowitz-Moellendorf는 『비극의 탄생』을 공격하며 "미래의 문헌학이다!"라는 조롱 섞인 제목의 글을 발표했다. 이는 자신감이 부족하고 그리 보수적이지 않은 사내를 주저하게 만들었을 수도 있다. 진정 그는 고대 연구가 오로지 정적인 지식체 body of knowledge의 과거에 대한 무미건조하고 한정적인 분석이라고 말한 것일까?

근대의 저술가들은 고전학자들과 그들의 지적 활동에 대해 분명 그런 인상을 받았다. 이러한 사실은, 부당한 희화화일지는 모르나, 당시 고전이 유럽 문화의 진보적 시각에서 어떤 위치에 있었는지를 알려준다. 조지 엘리엇의 『미들마치』(1871~1872)에서 『모든 신화를 여는 열쇠』 편찬에 매진하는 중년의 성직자 커소번 씨가 처음 등장하는 장면을 보자.

지금은 그런 문학에 별다른 기쁨을 느끼지 못합니다. 최근 과거의 인물들을 연구하느라 시력이 망가졌습니다. 사실 밤에 책을 낭독할 사람이 있었으면 싶지만 나는 목소리에 까다롭고 불완전한 낭독자를 견뎌낼 수 없습니다. 어떤 면에서는 불운하지요. 저는 내면의 자원을 지나치게 소진하고 있습니다. 죽은 자들에

너무 많은 시간을 쏟고 있고요. 나의 정신은 마치 고대의 유령과 같아서 폐허와 혼란스러운 변화에도 불구하고 세상을 떠돌면서 고대를 이전처럼 쌓아올리려는 지적 노력을 기울이고 있습니다. 하지만 시력에 최대한 주의를 기울여야 할 필요가 있음을 깨달았습니다.[10]

여기서 여주인공 도로시아는 그가 자신이 만나본 가장 흥미로운 사내라고 확신한다. 그녀가 한낱 소녀로서 제한된 교육을 받았다는 증거다. "진실을 향한 가장 높은 목적에서 아무런 의심 없이, 지나간 세계를 재구성하는 것은 등경 걸이로 있으면서 지원할 작업이다."[11] '의심 없음'을 용납할 의사가 없는 독자는 속으로 도로시아에게 떠날 수 있을 때 그렇게 하라고 외치지만 결국 커소번의 냉담하고 규칙에 연연하며 이기적인 태도가 소설 속에서 도로시아의 영혼에 미치는 영향을 목격하고 만다. 지나간 죽은 세계에 대한 커소번의 이해는 불안하다. 그리고 살아있는 자들에게 그 무엇도 제공하지 못한다.

교과와 학자가 이루는 대조는 W. B. 예이츠W. B. Yeats의 시

"

19세기 유럽 제국은 정복자와 그 문명의 본질적
우월성, 로마 제국의 영광을 전 세계에서 재현하
겠다는 구실을 들어 정복, 착취, 수백만의 학살을
정당화했다.

"

「학자들」(1914/1915)에서 보듯 반복적으로 활용되는 주제다.

대머리들, 자신들의 죄를 잊어버리고,

늙고, 학식 많고, 존경스러운 대머리들은

시구들을 편집하고 주석을 단다.

젊은이들은 침대 위에서 뒤치락거리며,

미인의 무식한 귀에 아첨하려

사랑의 절망으로 운을 맞추는 그런 시 구절들을.[12]

* 윌리엄 버틀러 예이츠, 허현숙 옮김, 『예이츠 시선』, 지식을만드는지식,

2008년

"모두가 그곳에서 지척거리고, 잉크 속에서 기침한다 / 모두가 구두를 신고 카펫을 닳게 한다." 학자들은 시인이 진심을 담아 분출한 열정을 단순한 학문으로 탈바꿈시키고 기술적 분석에 매달려 물질적이고 감정적인 의미를 벗겨낸다. "그들의 카툴루스가 그런 식으로 걸었을까?"(카툴루스는 절망적 관능을 주로 다루었던 로마 시대의 시인이다-역자 주) 물론 아니다. 고전 문화의 작품이 학술지 논문과 언어 학습으로 가공

될 때 어떻게 학생들을 개화하고 인간답게 만들 것인가?

이 시기의 또 다른 시인들은 실제 학교에서 가르치던 라틴어 시의 정서와 쓰임에 의문을 제기했다. 물론 카툴루스처럼 통쾌하지는 않았지만. 윌프레드 오언Wilfred Owen은 1917년 시에서 "조국을 위한 죽음이 아름답고 영광스럽다Dulce et decorum est pro patria mori"를 인용하며 '오래 묵은 거짓말'이라고 표현했다.[13] 고전 교육이 애국심, 공공의 의무라는 가치를 심어주려 애쓴 결과는 문명과 평화가 아닌 참호 속 악몽이었다. 30년 후 토마스 만의 소설 『파우스트 박사』(1947)에서 노년의 고전 교사인 세레누스 차이트블롬은 독일이 화염 속으로 휘말려 들어가는 모습을 무기력하게 지켜본다. 재능이 탁월했던 친구인 작곡가 아드리안 레버퀸의 멸망과 광기를 어찌할 도리 없이 지켜봤던 것과 마찬가지였다. 고전 인문주의는 20세기에도 공포를 막는 데 실패했으며 학창 시절 차이트블롬, 레버퀸과 다른 영특한 친구들이 나눈 대화에서 드러났듯 그 공포의 뿌리를 형성하는 데 일조했다. 로마제국을 재현하겠다는 무솔리니의 파시스트들처럼 나치즘은 조각과 건축에서 고전 양식이 갖는 상징적 힘을 이용하고 순수성, 미, 힘을 이상화하는 고전의 전통에 의지했다.

　이상화된 고대에서 왜곡된 산물을 얻어낸 것은 이탈리아와 독일, 20세기에만 국한되지 않았다. 19세기 유럽 제국은 정복자와 그 문명의 본질적 우월성, 로마제국의 영광을 전 세계에서 재현하겠다는 구실을 들어 정복, 착취, 수백만의 학살을 정당화했다. 미국은 모든 시민의 자유와 평등이라는 고대의 개념을 삶과 자유를 누릴 권리를 선포하는 데 포함시키면서도 열등한 인간 유형을 착취 가능한 재산의 지위로 떨어뜨리는 고대의 정당화, 즉 아리스토텔레스의 '자연적 노예' 개념까지도 받아들였다. 노예제도가 폐지된 지금도 고전고대의 성취를 근거로 백인 문명이 본질적으로 우월하다는 주장이 불평등과 인종차별을 정당화시키는 설명과 구실로 활용되는 실정이다. 카리브해의 시인 데렉 월컷Derek Walcott이 보기에 고전 유산을 칭송하는 데 있어 비유럽인이 식민지 독립 이후의 상황에서, 노예제와 그 유산의 그늘에서 호메로스의 복잡한 의미를 모색하는 것은 빼놓을 수 없는 작업이었다.

　처형을 모면한 범법자들과 이주자들—그들 스스로에게

법으로 노예들을 처형하도록 권표를 부여한—에 의해

유지되는 아테네의 원칙들과 기둥들이 있는

작은 광장에서도, 웨딩케이크 공화국.

돔 지붕들, 박물관들, 정교한 장식의 기관 건물들,

격분시키는 성가신 존재로 팽개쳐진 그 검은 그림자들을

능멸하는 공화국의 기둥 받쳐진 건물.

만약 공화국의 현명한 입법자들에게 맡겨졌다면, 마치 인디언들이

그 언덕에서 사라진 것처럼 어지간한 행운으로 그 도시에서

사라졌을 성가신 존재들. 가을 갈퀴 위의 나뭇잎들.[14]

* 데렉 월컷, 노저용 옮김, 『오메로스』 고려원미디어, 1994년

월컷은 미국의 장엄하고 고전 양식을 본뜬 이미지를 사회적 기반의 폭력과 대비시키지 않았다. 그는 양자가 불가분하게 연결되어 있으며 눈부신 흰 웨딩케이크 건축양식이 드리우는 검은 그림자는 미국의 수치스러운 과거를 부인하려는 자들을 영원히 분노시킨다고 주장했다.

모범

/

제임스 힐턴James Hilton의 『굿바이 미스터 칩스』(1934)에 등
장하는 영국 사립학교 교사가 썩 훌륭한 수준은 아니라도 고
전학자라는 점은 우연한 설정이 아니다.

그는 오랜 세월 학생들을 가르쳐왔음에도 불구하고 그리 진지
한 선생은 아니었다. 사실 그는 (라틴어와 희랍어 같은) 사어들
을 영국 신사들이 자신의 생각을 뒷받침하는 표현으로 사용하
는 정도일 뿐 살아있는 사람들이 말하는 언어는 결코 될 수 없
다고 생각했다.
그는 《타임》지에 실린 짤막한 주요 기사들을 좋아했는데 거기

에는 그가 알고 있는 사어로 쓰인 단어와 문장들이 쓰여 있곤
했다. 그런 표현들을 이해할 수 있는 몇 안 되는 사람들 중에 자
신이 속한다는 것은 마치 일종의 비밀클럽이나 수준 높은 클럽
에 속한 것 같은 기분을 들게 했다. 그는 이것을 고전 교육에서
얻을 수 있는 주요 혜택 중 하나라고 느꼈다.[15]

* 제임스 힐턴, 『굿바이 미스터 칩스』, 넥서스, 2005년

치핑 선생은 비밀을 발설한다. 영국 사립교육 체계와 명
문 대학에서 라틴어(와 그보다는 덜한 수준의 그리스어) 교육이
지속되는 이유는 고전어가 사회적 자원의 원천으로서, 그리
고 한 인간이 수준 높은 교육을 받았다는 사실의 표시로서
인식되는 경우가 많기 때문이다. 우리 시대의 예를 들자면,
이튼과 옥스퍼드 교육을 받은 영국 외무상은 연설에서 마라
톤 전투, 헤라클레스, 키케로를 인용한다. 이튼과 옥스퍼드
교육을 받은 영국 의원들은 라틴어로 트윗을 올린다. 상류층
의 눈길을 끄는 기행이자 일반 대중hoi polloi에 대한 무자비하
고 업신여기는 감정을 내비치지 않으면서 지적 우월성을 자
랑하는 경솔한 행위다.

사립학교를 졸업하고 옥스퍼드 교육을 받은 언론인들은 문화의 쇠락을 한탄한다. 사회 정의를 부르짖는 대학들이 적합한 교육을 받지 못해 라틴어와 그리스어를 깊이 이해하지 못하는 하류층 학생들을 고전 학위 프로그램에 받아주는 세태가 못마땅하기 때문이다.[16]

이는 계급에 연연하기로 악명 높은 영국인들만의 문제는 아니다. 도나 타트Donna Tartt의 『비밀의 계절』(1992)은 뉴잉글랜드의 명문 리버럴 아트 칼리지에 입학한 수재들의 이야기를 다룬다. 기이하고 카리스마 넘치는 교수가 직접 선발한 천재 집단의 일원들은 고전 정신의 참교육에 대한 교수의 사상을 흡수한다.

"나는 교수들을 정신없이 바꿔가면서 배우는 것은 젊은 정신의 소유자들에게 오히려 혼란스럽기만 하고 따라서 매우 해로운 교육법이라고 생각하고 있네. 바로 이런 이유에서 나는, 백 권의 책을 피상적으로 읽는 것보다는 한 권의 책을 속속들이 읽는 편이 좋다고 믿네. 물론 이 현대사회에서는 나의 의견에 동조하지 않는 경향이 있다는 것도 알고 있네. 하지만 플라톤에게는 스승이 한 분뿐이었네. 알렉산드로스도 한 분뿐이었고."[17]

* 도나 다트, 이윤기 옮김, 『비밀의 계절』 은행나무, 2015년

화자인 리처드는 말미에 이렇게 말한다. "이제 나는 줄리
언이 지닌 매력의 비밀은, 자신을 다른 사람보다 더 나은 존
재로 느끼고자 하는 젊은이들에게 접근해 있었다는 데 있다
고 생각한다. 그에게는 열등감을 우월감과 오만으로 바꾸어
놓는 묘한 재능이 있었다."[18] 리처드가 바로 그런 사례였다.
그는 서클에 끼기를 간절히 원했고 자신의 특별한 언어 능력
이 미천한 출신을 포장하는 데 도움이 되기를 바랐다. 그리
스 문화의 유혹은 광신적 집단에 입회하도록 만들었다. 이성
의 전형이자 부조리를 기꺼이 끌어안는 그리스인에게서 진
정으로 인간이 된다는 것이 무엇을 의미하는지 발견하면서
근대법과 관습으로부터 자유로워진다.

학생들은 고대인이 되고자 하는 마음에 처음에는 고대의
종교의식을 재현하고 그다음에는 살인, 자살, 근친상간을 저
지르는 단계에 이른다. 어떤 일이 벌어졌는지 알게 된 교수
는 한마디 설명도 없이 무기한의 휴가를 얻어 잠적한다. 남

이튼과 옥스퍼드 교육을 받은 영국 외무상은 연설에서 마라톤 전투, 헤라클레스, 키케로를 인용한다. 이튼과 옥스퍼드 교육을 받은 영국 의원들은 라틴어로 트윗을 올린다.

은 학생들은 상처를 입은 채 혼란에 빠진다. 하지만 이들은 서클이 와해되고 스승을 잃고 나서야 한 가지를 분명히 깨닫는다. 자신들에게 중요한 무언가, 특별함과 배타성을 부여하던 바가 사라졌다는 사실이다.

고전 지식은 사회적 지위를 표시하는 역할을 하는 한편 배제시키는 수단이 되기도 한다. 많은 경우 고전 지식은 하나의 계급, 인종이나 성의 정당한 소유물로 인식된다. 적절한 종류의 학교에서 고전어를 깊이 공부해야만 대학에서 고전과 온전히 교감할 준비가 된다는 예상은 이러한 인식을 더욱 강화시킨다. 고전은 엘리트 지위를 부여하며, 동시에 엘리트 지위에 의존한다. 고대인들처럼 여가생활을 즐길 여유가 있는 사람들이나 동료 엘리트가 보기에 적절하게 개발된 인간에 도달하며, '적절한' 엘리트 교육을 받은 사람들만 오늘날 제대로 된 고전학자가 될 수 있다.

고전은 한 번도 빗장을 걸어 잠근 적이 없었다. 고대의 지식을 자력으로 얻은 독학자들이 오래전부터 활동해왔다. (여기에는 공공도서관과 사회인 교육 협회 같은 기관의 기여도 한몫했다.) 종종 이러한 독학자들은 자신의 약점을 딛고 나름의 방식으로 고전 엘리트 대열에 합류하고 고전학자로 편입되려는 시도를 했다. 드물긴 하지만 고전 지식을 급진적인 목적과 광범위한 사람들을 위해 사용하려는 시도도 있었다. 전후 영국에서는 그래머 스쿨grammar school(영국 및 영어 사용권 국가에서 운영되는 7년제 대학입시 대비 인문계 중등학교-역자 주) 체계에서 이러한 시도가 종종 일어났다. 그래머 스쿨은 하류층의 영특한 소수를 추려서 고상한 문화를 가르치려는 제도로, 선택받은 소수가 더 많은 특권을 누리고 고전 학습 등의 기회를 얻도록 보장했다. 반면 나머지 대다수는 훨씬 열악한 환경에서 학문과 무관한 교육을 받았다.

그렇다고 선택받은 소수 입장에서 마냥 좋은 경험만은 아니었다. 선택받은 소수에 속했던 시인 토니 해리슨Tony Harrison은 1978년 「고전 사회Classics Society」에서 다른 세계에 낀 경험을 극적으로 표현했다. 그에게 라틴어 학습은 곧 부모와 옛 친구들이 구사하던 언어의 상실을 의미했다.

우리 소년들은 의회 의사록을 받아
대영제국을 SPQR로 번역한다

하지만 민중적이지도, 최신의 것도 아니며

고향에서 내가 쓰던 영어도 아니다.[19]

(SPQR은 라틴어 문장 'Senatus Populusque Romanus', 말하자면 '로마의

원로원과 인민'의 약자로 고대 로마 공화정의 정부를 이르는 말이었다-역

자 주)

해리슨은 1950년대 영국의 고전 지식 교육에 어떤 문제
가 있는지 지적했다. 고전 지식은 그 자체로는 무익했음에도
계급을 분리하고 구성원이 사회에서 맡은 역할을 드러내기
위해 교육되었다. (그러한 교육조차 소년들에게만 제공된다는 사
실은 해리슨의 시에 강조되어 있지 않다.)

해리슨은 그리스 비극과 연극의 재작업인 『옥시링쿠스의
추적자The Trackers of Oxyrhynchus』(1988)를 포함해 작가로서 활동하
는 내내 고전 문학에서 영감을 받았다. 그는 고대가 근대에
부활하면서 상류와 하류 문화, 고전을 모방한 세련된 연설과
천박한 방언 사이에 일어난 충돌에 주목했으며 개인적, 예술
적 긴장의 근원으로 활용했다. 고전은 한 세계에서 다른 세
계로 이동하는 경로를 제공하지만, 그 대가로 사회적 우월성

과 엘리트주의를 강화시킨다. 고전이라는 학문이 취사선택의 역할을 지속하고 고전고대와 적절한 교류를 위한 전제 조건으로 높은 수준의 언어, 철학 지식을 중요시하는 상황에서는 고전 지식을 모든 사람이 접근할 수 있도록 흐름을 돌리기란 무척 어려운 일이다.

#일부 고전학자들만

/

고전 지식은 문화 자원으로서 하류층이나 여성과 비교해 우월성을 드러내는 표시(이들 대다수는 고전의 가치를 평가할 수 없다고 판단)로서, 천박한 원주민 대비 우월성을 나타내는 표시로 사용되었다. 고전 지식은 잘난 체와 오만함의 근원으로 활용되었는데 이러한 태도의 선례를 그리스인과 로마인이 남긴 저작물에서도 찾을 수 있다. 고전 지식은 당당하게 세상과 거리를 뒀으며 자격 있는 신사(혹은 신사의 태도와 가정을 받아들임으로써 그 지위를 가장할 의지가 있는 누군가)가 지니는 표시로 이용되었다.

고전 지식은 문화전쟁과 문명충돌에서 무기로 활용되

었으며 유럽 전통의 유전적 계승자들이 본질적으로 우월하다는 주장의 근거로 사용되었다. 고전은 다문화주의에 대한 '백인 저항white resistance'의 상징이 되었고, 극우 인터넷 사용자들의 밈meme에서 스파르타의 것으로 보이는 상징이 등장했다. 고전은 전통적 가치의 토대로 인식되었으며, 미국 학교에서 고전이 중요성을 잃으면서 과잉 흥분, 검열, 도덕적 상대주의가 발생했다는 주장이 제기됐다. 인터넷 기사에서는 '남녀 구분 없는 괴물세대'라고도 표현했다.[20]

이러한 관점에서 볼 때 21세기에 고전은 위험하고 치명적이라는 점에서 중요한 의미를 갖는다. 고전은 전 세계 다양한 문화가 제 가치를 평가받고 수용되어야 한다는 주장을 부인하거나 격하시킨다. 반면 한정된 기술을 '교육'의 핵심으로 승격시킨다. 인종, 성별, 계급의 위계질서를 강화하고 서양의 제국주의에 여러 형태로 기여하며 다양한 모습의 백인 우월주의에 이념적 보호막을 제공한다. 반면에 더 낫고 인간적이며 교양 있는 사람들을 만들어내자는 거창한 목적에는 전혀 부응하지 못하고 있다. 고전고대와 그 산물에 대한 지식, 전해 내려온 명성과 권위가 지니는 막대한 무게는 위험에 처했으며 분열과 파괴적인 결과를 낳는다. 학문으로서의 고전은 고전 세계와 그 문화의 과대평가를 거부하기는 커녕 돕고 사주하여 생존을 도모한다.

물론 이러한 주장은 일방적이며 부당한 측면이 있어 학계에서는 방어에 나설 것이다. 우선, 고대 세계의 전통적 이해와 연구 방법에 질문을 제기하고, 공정하고 평등한 사회에 기여하는 데 고전고대의 사상이 후일 남용된 방식을 분석하며 고전학의 관행과 가정을 분명히 드러내 보인 이들은 다름 아닌 고전학자들이었다. 그리스와 로마를 인류 문명의 정점으로 이상화하는 태도에 맹렬한 비판을 가한 이들도 고전학자였다. 또한 그리스와 로마 사회가 폭력, 노예제, 여성 혐오에 기반하고 있음을 지적하고, 고전이 학문으로서 명맥을 유지할 수 있던 하나의 이유인 예로부터 전해 내려온 명성을 약화시키는 위험까지 졌다. 앞으로 살펴보겠지만, 고전이 '서양 문명'의 토대로서 그리스와 로마의 이상화된 비전을 영구화하기 위해 노력하며 다른 형태의 학문적 작업은 접어둔 채 언어 암기 기술에만 매진한다는 생각은 상당히 시대착오적이다. 물론 일부 비고전학자들(과 특정 고전학 졸업생)이 그런 인상을 준 측면이 없지 않다.

고전 세계와 문화상품은 본질적으로 서양 제국주의, 백인 우월주의, 파시즘이나 반이슬람주의 어젠다와 관련이 없다. 일각에서 그렇게 주장하고 있지만 고전학자들은 이러한 시도를 목소리 높여 비난할 수 있을 것이다. 문학, 역사, 다른 사회의 문화 연구가 엘리트주의와 무관하듯 고대 세계 연구를 전통적 문헌학의 방식으로 수행하는 것은 본질적으로 엘리트주의가 아니다. 물론 다양한 이유로 상대적 특권을 누리는 사람들은 일자리와 무관한 인문학 과목을 연구하는 데 위험을 부담하기가 어렵지 않다. 또한 고전어가 지니는 중요성은 (이와 더불어 대학에 들어가기 전에 고전어에 노출되는지 여부는) 특정 집단의 학생들이 고전에 관심을 갖게 만드는 반면 나머지 학생들은 단념시키는 역할을 한다. (관심을 보이는 학생들 가운데 일부는 차세대 교사가 될 것이다.) 유럽과 미국에서 학문으로서 고전은 철저히 백인과 중산층 위주로 교육되었다. 양성 간 균형이 존재한다 해도 최근 수십 년 동안 최고 전문직에서나 평등한 추세로 향했을 뿐이다. 때로는 이러한 불균형이 고전을 공부하기로 선택한 학생들의 인구구조를 반영

"

이렇게 족보 있는 동물로 가장했지만 사실 고전은 언제나 잡종견에 불과했다. 규모가 더 크고 인기 있는 다른 학문과 영역 싸움을 벌였고, 닥치는 대로 방법과 개념을 받아들였으며, 이 분야에는 직접 가르친 학생들에게 경멸받는 괴짜와 망상에 사로잡힌 자들로 가득했다.

"

하는 것이며 상황이 점차 나아지고 있다는 주장도 제기된다. 하지만 당당하게 엘리트주의, 남성과 백인 중심의 교육을 수백 년 동안 고집하면서 서민과 여성, 백인 이외의 고전학자가 형성한 전통을 무시하고 고전에 대안적 견해를 제시하려는 노력을 간과한 영향을 되돌리기 위해서는 아직 먼길을 가야 한다.

혹자는 고전이라는 학문 자체가 성공을 거두면서 고전학이 희생됐다는 주장을 펼칠 수도 있다. 고전이라는 교과가 갖는 문화적 중요성을 통해, 기술적으로 탁월하고 익히기 어렵다는 주장을 통해, 엘리트 지위에 있기 때문에 학문의 존재 자체가 다른 목적에도 유용하다는 사실을 내세워 고전학은 학교와 대학에서 지위를 구축했다. 이렇게 족보 있는 동물로 가장했지만 사실 고전은 언제나 잡종견에 불과했다. 규모가 더 크고 인기 있는 다른 학문과 영역 싸움을 벌였고, 닥치는 대로 방법과 개념을 받아들였으며, 이 분야에는 직접 가르친 학생들에게 경멸받는 괴짜와 망상에 사로잡힌 자들로 가득했다. 고전과 고전학자들이 엘리트이며 우월하다는 문화적 이미지를 풍기면서 현실성 없고 현학적이라고 인식될 위험이 상존했지만 이는 고대의 문학, 문화, 역사에 본질적 관심을 둔 학자들이 학문의 생존을 담보하기 위해 쓴 묘책이었다.

오늘날 그 방법과 개념은 어느 때보다 다양해졌다. 고대 사학자들이 고전 문학인들의 동향보다 동료 역사학자들의 동향에 관심을 두고, 고전 철학자들이 예술과 고고학보다는 주류 철학에 관심을 두면서 고전은 다른 학문으로 분리되는 위협을 끊임없이 받고 있다. 하지만 고전고대 사회를 공동으로 조사하는 노력으로 단결하고 있다. 고전고대 사회가 다른 사회보다 '서양 문명'에서 우월하거나 더 중요하다고 간주되어서가 아니라 다양한 학자들이 이 매력적인 주제에 큰 관심을 가지기 때문이다.

과거는 중요하며 오늘날에도 여러 면에서 계속 중요한 의미를 지닌다. 따라서 과거를 모든 측면에서 정확하게 아는 것이 중요하다. 여러 세기 동안 과거가 중요한 의미를 지니게 된 이유는 무엇인지, 어떻게 해석되고 오해를 받으며 왜곡되었는지 이해하는 것 또한 중요하다. 고전고대는 과거의 중요한 일부로 간주된다. 유럽과 북미에서 고전고대는 오늘날 사회의 발전에 실제적 영향을 미치며, 신화를 포함한 강력한 문화적 개념을 통해 제 역할을 유지하고 있어 중요성을 갖는다. 고대 그리스, 로마에 대한 풍부한 지식이 우리가 알아야 할 유일한 지식은 아니며 모든 사람이 그런 지식을 배워야 하는 것도 아니다. 하지만 고전고대를 아는 누군가, 고전고대를 다른 역사 기간과 문화적 전통과 비교할 수 있는 누군가, 고전고대가 어떻게 현재를 (좋고 나쁜 측면에서) 형성했는지 탐색하고 우리 사회가 미래를 위해 고전고대에서 긍정적 영감을 이끌어내도록 길을 모색할 누군가는 필요하다. 오늘날의 세계에서 고전고대의 위치는 여전히 큰 문젯거리다. 바로 이러한 이유로 고전은 여전히 중요하다. 전통적 성향이 더 강한 동료들이 어떻게 생각할지 몰라도 나는 고전을 묻어버리기보다는 칭송할 것이다.

CLASSICS

과거의 추적

경계

/

고전 연구의 기본 목표는 전체 세계를 다양한 면에서 재구성하는 것이다. 다소 기이한 표현으로 보일 수도 있다. 고전학의 초점은 고대 그리스와 로마라는 하나의 세계를 회복시키는 것 아니던가? 하지만 학자들이 수백 년 동안 이 분야를 연구하면서 얻어낸 중요한 통찰은 다양한 견해, 다양한 초점, 다양한 시기는 언제나 존재한다는 사실이다.

고대든 근대든 단일의 견해는 어떤 완전성을 추구하든 부분적이고 호도될 수밖에 없다. 대다수의 학자들은 거창한 개요보다는 그림의 세부적인 요소에 공을 들인다. 고전고대를 일반적인 용어로 부를 수 있는지, 혹은 그래야만 하는지,

그리스와 로마 사이에 분명한 구분이 있는지, 학과를 더 작은 단위로 쪼개야 하는지에 대해서도 근본적으로 이견이 존재한다. 다양한 접근법을 취하면 다양한 주제에 이치가 맞는다. 경제사학자들은 '고대 경제'에 대해 말할 가능성이 높은데 후대와 비교했을 때 고대의 경제는 동질성이 상당히 크기 때문이다.

반면 문화사학자들은 그리스, 로마와 다른 고대 사회 사이의 중대한 차이점을 강조하는 경향이 있다. 물론 보편적으로 적용되는 말은 아니다. 경제사학자들 중에서도 다양한 시공간에서 중대한 차이점을 발견하여 '고대 경제'의 일반화에 조심스러운 태도를 보이는 학자들도 많다. 또한 문화사학자들 중에 신화와 문학 속에 등장하는 괴물, 거대한 짐승 등 수세기 동안 고전 문화에서 공통적으로 나타나는 주제와 개념을 추적하는 학자들도 있다. 물론 고전의 요체는 지식과 이해의 축적이지만 상이한 인식과 관점에 대한 것이기도 하다. 또한 고전은 고대와 이후의 유산 속에 담긴 삶에 대한 다양한 시각, 고전을 연구하고 해석하는 다양한 방식과 해석에 대한 것이다.

학문은 항상 '자기' 영토를 표시하고 다른 학문으로부터 영역을 보호하기 위해 경계를 긋고 정의를 규정했다. 오늘날 고전은 다른 접근을 취하며 혹자는 이것이 교과를 반영하는 것이라고 말하기도 한다. 고대는 고정되어 있고 꽉 막힌 경계가 중요한 역할을 하는 세계가 아니다. 로마제국의 국경에 대해 일반적으로 하드리아누스Hadrianus의 방벽이나 굳게 지키는 요새를 떠올리지만 사실 이곳은 접촉이 일어나는 지역이자 움직임을 감시하는 지역에 가까웠다. 사람, 물자, 사상이 끝없이 오갔고 간헐적으로만 정치적 관심사가 되었으며 수백 년 동안 극적인 변화를 거쳤다.

특정 시기에 이 세계의 스냅샷을 촬영할 수 있다. 또한 여러 국가나 문화 집단으로 나누고 '고전 세계'와 나머지 사이에 일종의 구분을 지을 수도 있을 것이다. 하지만 이는 인위적인 활동이며 역사가 다시 움직이면 기존의 구분도 급격하게 변하게 마련이다. 마찬가지로, 현재 고전 연구 분야 종사자들의 활동도 살펴볼 수 있을 것이다. (이들 중 다수는 고전학자가 아니다.) 이들이 선택한 연구 주제를 지리, 연대학과 연결 짓고 특정 시기, 특정 지역에서 관심이 뜨거운 분야를 식별할 수 있을 것이다. 특히 그리스와 이탈리아가 높은 관심을 얻고 있으며 시기적으로 그리스의 경우 기원전 5~4세기, 로마는 기원전 2세기~기원후 4세기가 집중적인 관심 대상이다. 하지만 이렇게 연결 짓는 활동을 하더라도 기본적으로 학문에 정해진 경계란 존재하지 않는다. 다양한 종류의 증거, 학생의 수요와 대중의 관심 등 외부적 압력과 연구의 전통 등 다양한 요인을 반영할 뿐이다. 고전학은 더 이상 제한적이고 우월하다고 간주되는 사료에 대한 독점적 권리로 학문을 정의하지 않는다. 대신 개방적인 학문으로서 다양한 관점의 연결을 추구한다. 요새화된 아크로폴리스보다는 그리스 도시의 중심부로서 사람들이 거래, 정치, 교제를 위해 만나던 아고라와 같다.

무엇보다 고전학자들은 자신이 선택한 세계가 광범위한 세계와 어떻게 들어맞는지, 고대를 고립적으로 연구하려는 시도가 언제 무익하거나 위험할 정도로 호도하는지 분명히 인식하게 되었다. 지리를 예로 들면, 지중해 세계는 두드러지게 집중 조명을 받고 있는데, 일부분은 고전 연구에서 그리스, 로마가 갖는 특별한 중요성 때문이다. 또 한편으로는 특정 관점에서 봤을 때 지중해 자체와 그 환경은 지중해 일대의 사회 발전을 형성하고 연결된 하나의 공간으로 묶었다는 점에서 중요하다. 이 때문에 고전이나 그 역사적 요소를 '고대 지중해 연구'로 바꿔 부르자는 주장도 간혹 제기된다.

하지만 고전학자들은 동쪽에도 눈을 돌렸다. (고대 역사 말미에 페르시아의 그리스 침공, 유라시아 부족들의 로마제국 습격 등) 특정 사건이 발생했기 때문이기도 하지만 물자와 사상이 끊임없이 이동했기 때문이다. 이러한 이동은 근동이 초기 그리스 문화나 후일 로마 지역에 미친 영향에서부터 그리스 문화가 페르시아 등을 통해 확산된 경우까지 아우른다. 이는 종종 (우리의 주요 관심사인) '지중해 세계'와 외부세력 간 교류로 해석된다. 하지만 관점을 바꿔서 지중해를 유라시아의 서쪽 끝자락으로 바라보는 것도 가능하며 이 경우 더 생산적인 결과를 얻을 수 있다. 지중해를 중심이 아닌 대륙을 가로지르는 복잡한 교역망의 끝자락으로 보는 것이다. 또는 그리스의 독립 '도시국가'인 폴리스를 유럽의 독창적인 발명으로 보지 않고 하나의 근동 현상으로 볼 수도 있다.

우리는 전통적 견해에서 어느 정도가 그리스인 자체의

"

로마 시대란 언제를 뜻하는가? 로마제국은 한 번
도 막을 내린 적이 없다. 유럽의 기초적인 구조와
문화에서 지금까지도 살아 숨 쉬고 있으며 전형
적인 제국으로서 영향력을 지속하고 있다.

"

개념으로 형성되었는지 점점 파악하고 있다. 많은 반대 증거에도 불구하고 그리스인들은 모든 비그리스인이 노예와 같고 미개하며 수다스럽게 지껄일 뿐('야만인')이라고 주장했다. 유사하게, 고전학자들은 야만인들에게 진정한 문명을 보급한다는 로마인의 시각을 버리고, 문화 교류의 확대와 로마 정복으로 북유럽이 중요해지자 '원주민'이 '로마 문화'를 받아들여 무엇을 얻어냈는지, 기존 로마의 사상을 발전시키는 데 얼마나 기여했는지 따져보는 법을 터득했다.

고전 연구는 분명 일부 지역에 더 치우치는 경향이 있다. 그리스와 이탈리아가 대표 사례다. (로마 시대의 경우 명백한 역사적 이유에서 영국 변방을 특히 주목한다.) 하지만 이조차 그리 간단한 문제가 아니다. '그리스'란 어느 지역을 의미하는가? 에게해를 둘러싼 지역, 터키 해안까지 포함하는 지역, 지중해와 흑해의 모든 식민지를 아우르는 지역, 알렉산드리아의 극적 정복 이후에는 이란과 아프가니스탄을 포함하는 지역, 후일 그리스 문화의 수용과 운동을 고려하여 아르헨티나와 말리부를 포함한 지역 가운데 무엇이 그리스인가?

한편 '로마'는 유럽 대부분을 아우른다. 제국주의 힘에 연결되는 전형적인 이미지가 실제로는 제국에 포함된 적도 없던 지역에 강력한 영향력을 미치는 경우도 있다. (베를린, 뉴욕 등에서 발견되는 로마 양식의 개선문을 떠올려보라.) 기존에는 같은 지리 공간 내에 있던 다른 문화의 경우 로마나 그리스와 어떤 관계를 맺었는지가 연구 주제였으며 대부분 로마의 적이었다. (대표적 사례로 카르타고와 켈트족을 들 수 있다.) 하지만 이러한 문화도 로마와의 관계가 아닌 그 자체로 연구되거나 광범위한 국제관계, 교역이나 생태 체계의 일부로서 연구되고 있다.

많은 고전학자들은 로마가 단순히 로마나 이탈리아 지역에 국한되지 않음을 기억하고 '로마'와 '로마인'의 개념이 고정점이 아닌 지속적으로 타협되고 재창조되는 세계임을 인식하고 있다. 지중해 특정 지역의 독특한 특성만 연구할 만한 가치가 있다는 전통적 사고는 점차 문제 있는 환상이나 사상적 주장으로 인식되고 있다. 지중해는 학문에 무게 중심 역할을 할 뿐이지 지리적 경계는 아니다.

동일한 논리를 연대학에도 적용할 수 있다. 로마 시대란 언제를 뜻하는가? 로마제국은 한 번도 막을 내린 적이 없다.

유럽의 기초적인 구조와 문화에서 지금까지도 살아 숨 쉬고 있으며 전형적인 제국으로서 영향력을 지속하고 있다. 그러니 연구에서 뚜렷한 종점을 찾기가 쉽지 않다.

물론 이 경우에도 다양한 기간에 쏟아진 관심의 패턴을 발견할 수 있다. (아테네와 스파르타에 집중하지 않더라도) 그리스의 도시국가, 로마 공화국과 제국, 이어진 후기 고대(5세기 서로마 함락의 경우 동로마의 유지에 의미를 두기보다는 그저 관심사의 종말로 가정하는 경향이 있다), (언제나 인기 있는 알렉산드로스를 비롯한) 헬레니즘 왕국이 주로 관심을 독차지한다. 하지만 이번에도 학자들의 활동에 패턴이 발견되는데 일부분은 연구가 집중되는 시대가 우월하다는 신념 때문이 아니라 외부 요인에 힘입은 것이다.

연대학의 주변부에서는 (구분을 지을 수 있다면) 언제를 '고전 세계'로 볼 수 있는지에 대한 연구가 활발하게 수행되고 있다. 그리스 문화의 역사는 기원전 8세기 이전까지 거슬러 올라가며 호메로스와 근동 사회가 에게해의 종교, 신화, 예술에 미친 영향을 살필 수 있다. 그보다 더 이전인 청동기 시대의 미케네인, 미노스인은 주로 고고학자들이 연구하는 대상

이지만 고전 연구와 분명한 경계를 지을 수 없다. 미케네 왕
궁에서 기록에 사용하던 언어인 선형문자 B의 경우 후대의
그리스와 분명히 연관성이 있다.

일반적으로 알려진 '고전사'의 끝부분에 관해 학자들이
유일하게 동의하는 사항은 서로마의 마지막 황제가 패망한
476년을 전통적으로 고전사의 끝으로 봤으나 이러한 구분
이 전혀 도움이 되지 않는다는 것이다. 정치적 측면에서 봐
도 연속성은 갑자기 단절되지 않았다. 이미 권력은 황제로
부터 신흥 정치-군사 엘리트에게 넘어가는 상황이었고 동쪽
의 황제는 기존의 행정 구조를 상당 부분 유지하면서 계속
특권을 누리고 있었다. 삶의 다른 영역에서도 한 시대의 종
말을 상징하는 변화는 실제로는 별다른 영향을 미치지 않았
다. '고대'에서 '초기 중세' 역사로의 전환은 매끄럽게 일어
났으며 이 분야의 전문가들조차 대학별로 의견을 달리하는
실정이다.

지리학과 연대학은 늘 인위적으로 경계를 설정했다. 지
리학자들은 지도에 국경을 그렸고 역사학자들은 시간을 세
기나 시대로 분리했다. 그러고는 자신들이 구분한 경계가 중

요한 의미를 갖기를 기대했다. 고대든 근대든 정치사학자들은 정치적 변화가 사회에 중대한 파열을 일으킨다고 가정한다. (고전 연구에서 대표적 사례로는 아우구스투스가 최초 황제로 부상하면서 로마인의 모든 생활에 영향을 미쳤으리라는 주장을 꼽을 수 있다.) 반면 사회, 경제 분야의 역사학자들은 상이한 흐름과 기간에 이어지는 변화에 주목한다. 사상, 시, 조소, 건축의 발전을 연구하는 학자들도 마찬가지다. 다양한 관점을 가진 학자들이 제각각 연구 영역을 규정하고 다채로운 방식을 통해 그 근거를 구성한다. 어쩌면 고전 연구에는 다양한 관점이 늘 존재했기 때문에 다른 학자들의 관심사를 탐색하고 갈등을 벌이는 일이 불가피했는지도 모른다. 가령 정치적 서술은 문학적 서술과 충돌을 일으키며, 경제활동 공간은 예술적 양식의 공간과 비교된다. 고대 세계의 특정 분야는 별도로 심도 깊게 연구되며 큰 그림과 어떻게 조화시킬지에 대한 토론으로 이어진다.

많은 경우 다양한 학문적 관점과 다양한 지리적, 시기적 틀 사이에 일어나는 교류는 새로 연구할 만한 흥미로운 질문을 이끌어내는 원천이다. 이탈리아를 통해 로마의 정치적 통제가 확대되면서 다른 지역의 언어에는 어떤 영향을 미쳤는가? 여러 언어를 사용하던 이탈리아의 문화는 로마의 확대에 어떤 영향을 미쳤는가? '헬레니즘' 문화가 아시아로 확산된 것은 문화적으로 어떤 의미를 지니는가? 특히 '고전 문화'와 '고대 세계', 우리가 증거에서 발견하는 현실 간 개념의 불일치와 차이는 끊임없이 강조되어왔다. 일종의 작업가설이나 추정을 위해 우리 학자들은 이러한 차이에 주목하는 경향이 있다.

'고전 세계'는 하나의 구성 요소construct로서 일부분은 고대, 일부분은 근대에 속하며 복잡하고 유동적인 세계를 해석하는 하나의 방식이다. 고전학은 가상적 연구 대상에 선을 긋고 자기 영역이라고 주장하지 않는다. 기존에 전해 내려온 '고전'이라는 개념을 출발점 삼아 열린 토론을 시작한다.

부재

/

고전고대의 어떤 영역이든 제대로 연구하기 위해서는 증거가 부족하고 이로 인해 지식의 한계와 불확실성이 존재해야 한다. 부분적으로, 이는 시간이 흘러 벌어진 결과다. 모든 것은 부패하며 오늘날에 제작된 책조차 종이가 부식되거나 잉크가 마르면 제 기능을 하지 못한다. 과거에서 전해 내려온 유기물이 우호적인 조건에서 보존되지 않으면 사라져버리는 것은 자연스러운 일이다. (건조한 사막이나 산소가 없는 습지 등에서는 파괴적인 미생물의 증식이 억제된다.) 이와 같은 상실은 증거가 되는 물질 자체뿐만 아니라 문헌에 기록된 내용도 앗아간다. 돌과 도자기 같은 무기물은 그나마 상황이 낫지만 금속은 녹거나 재사용의 위험이 있다. 그러나 도자기 역시 고대인의 삶에 대해 알려줄 수 있는 정보가 제한적이기에 학자들은 적혀 있는 글이 보존되어 있는 경우 크게 기뻐한다. 그런데 자신의 행동과 정체성을 돌에 새겨 넣어 후대에 발견되도록 투자하거나 오랫동안 보존될 만한 물건을 소유하는 사람은 부유층일 가능성이 높다.

요약하자면, 고전학자들은 한때 존재했으며 그대로 보존되었다면 학자들이 연구할 수 있을 물건이 시간이 지나면서 파괴되어 벌어지는 영향을 계속 인지하고 있다. 어쩌면 다른 시대의 연구자들이 공개적으로 게시된 작품이나 두 철학자 사이에 오간 서신이 아니라 방대한 사적 문서와 일기, 온전한 메모와 끄적거린 시를 연구하는 혜택을 누린 것을 부럽게 여길 수도 있다. 고전학자들은 남아 있는 사료가 모든 고대인들이나 모든 지역과 시기를 대표하는 자료가 될 수 없음을 잘 알고 있다. 하드리아누스 성벽의 일부인 로마 요새 빈돌란다 등을 소우주 삼아 그 속에 일상의 흔적이 기적적으로 보존되어 있기를 희망하며(로마 시대 신발을 발견한다면!), 거기서 발견된 개인적 서신이 최북단 변경 지역에 사는 누군가의 삶이 아니라 전체 로마 제국에 사는 시민들의 삶을 보여주는 증거로 간주할 수도 있다. 많은 경우 이런 주장의 정당성을 밝힐 수 있겠지만 여러 지역에서 더 많은 자료를 확보하는 편이 좋다.

연구할 대상을 한정짓는 요소는 시간만이 아니다. 사실 시간보다 더 파괴적이고 큰 피해를 입히는 것이 사람들의 취사선택이다. 일부 사료는 상자에 문서나 동전을 넣어 묻거나 조심스럽게 무덤에 매장하는 등 보존 노력을 기울인 덕분에 살아남았다. 그러나 다수의 자료는 우연에 의해 보존될 뿐이며 우리는 다른 자료가 어떻게 사라졌는지 그저 상상할 뿐이다. 가장 대표적인 사례는 글인데 대부분 사본의 형태로 전해 내려온다. 원본은 오래전 소실되었지만 복제하고 베껴 쓸 만한 가치가 있다고 판단했기에 수백 년에 걸쳐 전해졌을 것이다. 이렇게 전해지기 위해서는 시간과 돈을 들여야 한다. 모든 글이 충분한 양으로 복제하거나 베껴 쓸 만한 가치를 지니지 않았기에 근대 초까지 무사히 보존되어 학자들의 눈에 띌 가능성은 높지 않았다.

어떤 글이 보존 가치가 있는가에 대한 선택도 시기별로

변한다. 가치와 유용성에 대한 판단이 달라지기 때문이다. 그리스 문학의 정수로 손꼽히는 아테네의 3대 비극조차도 일부 장면이나 개별 행, 제목만 부분적으로 남아 있을 뿐이다. 아리스토파네스의 작품을 제외하고 아테네의 고희극은 남아 있지 않으며 아리스토파네스의 작품도 일부분만 남아 있다. 로마 농업 전문가의 기록에는 카르타고, 그리스 저자들의 글을 포함해 방대한 출처가 언급되어 있으나 현재 그 가운데 일부만 남아 있는 실정이다. 여러 초기 철학자들의 사상은 후대의 누군가가 원래 문맥에서 일부를 떼어내어 원전과 사뭇 다른 주장에 포함시키는 인용의 형태로 전해졌다.

취사선택에서 가장 악명 높고 영향이 막대했던 사례는 후기 고대에서 찾을 수 있다. 그리스도교인들은 앞선 시대 저자들의 글에서 베껴 쓸 가치가 있는 부분만을 취하고 나머지는 불신앙, 비도덕적이라거나 단순히 관심사가 아니라는 이유로 폐기했다. 같은 시기 비그리스도교인들 역시 앞선 시대의 발췌와 인용을 편집하여 지혜와 통찰력을 담은 문집을 펴냈지만 원전 전체를 보존하려는 노력을 기울이지 않기는 마찬가지였다. 이 시대에 베껴 쓴 글도 일부만 후대까지 전해졌으나 계속 보존될 가능성은 한층 높아졌다.

이밖에 이집트 건조한 사막에서 미라를 감쌌던 파피루스 조각이나 띠에서 글이 발견되는 경우가 있으며, 새로운 작품을 기록하기 위해 재활용되었으나 '행간에서' 먼저 쓰인 글을 알아볼 수 있는 양피지 조각이 출토되기도 한다. (고대 필사자들의 인색함이나 새 양피지 값이 비쌌던 사실이 무척 요긴하게 작용한 사례다.) 하지만 기본적으로는 고대에 기록된 전체 문서에서 극히 일부만 후대에 전해졌다. 가장 수준 높은 문학과 지적 생산물도 대부분 소실되었으니 일상적 자료는 말할 것도 없다. 우리는 현존하는 자료가 임의의 표본이 아님을 잘 알고 있다.

전체 과정이 완전히 임의로 일어나지 않았음을 알고 있으나 특정 경우에 대해 확신하지 못하는 잠재적 편견은 근대 고전학자와 고전 애호가들의 활동으로 더 심해지기도 한다. 수백 년 동안 그리스와 로마 유산의 문화적 영광이 주목을 받으면서 농업서나 로마 배관 안내서는 등한시된 반면 고대 주요 작가들의 문학과 철학은 큰 관심을 받았다. 특정 문헌의 중요성을 다른 문헌보다 강조하는 경향은 여전히 남아있

"

수백 년 동안 그리스와 로마 유산의 문화적 영광
이 주목을 받으면서 농업서나 로마 배관 안내서
는 등한시된 반면 고대 주요 작가들의 문학과 철
학은 큰 관심을 받았다. 특정 문헌의 중요성을 다
른 문헌보다 강조하는 경향은 여전히 남아 있다.

"

다. 이러한 태도는 유물을 대할 때 더욱 두드러지게 나타나 수백 년 동안 '예술'과 기념비적 건축물의 발굴은 큰 관심을 받았으나 소박한 삶의 증거들은 무시되었다. 우리는 로마의 고층 아파트 건물보다는 사원과 궁에 관련하여 훨씬 더 많은 정보를 가지고 있다. 고서 수집을 좋아하고 고전이라면 덮어 놓고 열광하는 마니아들은 고대에서 전해졌다는 이유만으로 모든 유물을 보존해야 한다고 주장한다. 영국과 프랑스의 국립박물관에 전시된 유물에서 이를 확인할 수 있다. 다만 '유물'에만 집중하면 맥락을 놓칠 가능성이 있다.

우리는 그저 소량의 표본을 확보하고 있을 뿐이기에 현존하는 자료를 기초로 할 때는 불확실한 결론을 내릴 가능성이 높으며 더 많은, 혹은 다른 자료를 확보했다면 해석이 달라질 여지가 있음을 충분히 인식하고 있다. 증거의 부재, 혹은 매우 적은 양의 증거를 곧 부재의 증거로 볼 수 있느냐는 질문을 끊임없이 받는다. 로마인들은 기록을 얼마나 자세히 남겼을까? 기업인들은 단순한 경험법칙이 아닌 정교한 회계 기록을 어느 정도나 남겼을까? 2세기부터 지중해의 난파선 수가 감소하는 것은 항해 활동의 감소와 경제 활동의 쇠퇴를 뜻하는가, 아니면 어떤 난파선을 발견하기가 가장 쉬운가에 대한 기능적인 문제인가? 고전학자들은 고대 세계에 대해 고정불변의, 예/아니오 방식의 답변을 제시하기보다는 불확실성에 대해 토론하고 다양한 해석 중에서 상대적으로 개연성이 높은 주장을 평가하는 일에 많은 시간을 할애한다. 이는 학계 밖에서 보편적인 화자들과 교감할 때는 중대한 문제가 될 수 있다. 증거가 타당성을 부여하는 선 너머로 나아가지 않는 학자의 신중한 접근은 일견 얼버무리기나 무시로 비칠 수 있기 때문이다. 하지만 대안이 없는 실정이다.

고전학자가 충분히 발언을 제공할 수 없거나 그런 인상을 준다는 결론을 내릴 위험은 늘 존재한다. 다른 측면에서, 보존된 고대 유물이 마치 지금껏 존재했던 모든 자료를 대표한다는 가정 아래 학자들의 의견이 형성될 위험도 상존한다. 하지만 이에 대해 극히 회의주의적으로 접근할 수도 있다. 새로운 증거는 계속 발견되며 때로는 상당한 양이 출토된다. 예를 들어, 문학 작품의 일부가 환상적으로 곁들여져 있는 파피루스가 지속적으로 발견된다면 원래 학교 공부를 위한 글인 경우가 많다. 인구 조사 결과와 사적인 계약 문서의 경우 (역사학자의 시선을 사로잡지만) 완벽하게 일상적인 성격이다. 새로운 과학 기법은 또 다른 기회를 만들어낸다. '시각적 펼침virtual unrolling' 기술이 발전하면서 헤라쿨라네움에서 출토된 탄화 파피루스 두루마리를 펴거나 파괴하지 않고도 해독이 가능해졌다. (이는 연구 자료를 더 많이 확보하려는 학자들과, 건물터를 파는 대신 이미 세상 밖으로 출토된 유물을 보존하기를 원하는 고고학자들 사이에 충돌이 일어날 만한 조건이다.)

과거에 대한 새로운 질문은 새로운 종류의 증거를 찾아나서도록 만든다. 과학의 신기술은 새로운 질문을 이끌어내는데, 예를 들어 그린란드에서 추출한 빙하핵을 분석하면 글로벌 기온 변화를 파악할 수 있다. (로마제국의 확장을 부추긴 '로마 온난기'가 존재했을까? 반대로, 후기 고대에는 기온이 하강해 로마 사회의 멸망을 앞당겼는가?) 뿐만 아니라 금속 생산과 오염을 판단할 수 있는 대기 요소를 추적하면 인류의 활동이 어떻게 변화했는지 파악할 수 있다. 컴퓨터의 발명으로 문헌이나 명문(새겨진 글)의 데이터베이스를 구축하고 유형을 찾아내며 건물을 재구성하는 일이 가능해졌다. 심지어 기후 데이터, 내비게이션 소프트웨어, 고대 선박의 항해 능력에 관한 기존의 지식을 토대로 지중해 항해 경로를 그릴 수도 있다.

이와 같은 증거로는 절대로 단순명쾌한 답을 얻을 수 없다. 학자들이 작업하는 다른 자료와 마찬가지로 과학적 데이터 역시 자료를 취합해서 해석해야만 한다. 고전학자들은 다른 전문가보다 분석에 탁월하지는 않을지라도 분석의 틀을 짜고 결과를 해석하는 방식에 질문을 제기할 수 있다. 예를 들어, 문헌과 유물을 비롯한 광범위한 종류의 증거로 따졌을 때 로마제국 시대의 영국Roman Britain에 다양한 인종 배경과 지리적 출신의 사람들이 섞여 살았다고 판단되는 반면, 오늘날 영국 인구의 표본 DNA에서 '아프리카' 혈통의 흔적을 찾아보기 어려운 점을 생각해보자. 고전학자들은 후자가 더 '과학적'이라는 근거로 전자의 발견을 거부하기보다는 각 분석에 대해 상대적 타당성을 따져보고 유전 연구가 어떤 인종이 섞였는지 실제로 알려주는지, 혹은 알려줄 수 있는지 의문을 제기한다.[1]

고전학자들은 가능한 다양한 종류의 증거를 따지는 일에 전문가다. 지금껏 단 한 번도 사료 간 불일치와 모순을 타협하고 이해하기에 충분한 자료를 확보한 적이 없기 때문이다.

고전학자는 전문적으로 의심하고 신중한 태도를 취하며 모든 해석은 불확실하다는 사실을 기억한다.

접근법

／

고전학자들이 약점을 강점으로 활용한 오랜 전통도 인정할 만하다. 그들은 증거가 부족한 상황에 처했을 때 자료의 해석을 어떻게 시작할지 상상력을 총동원한다. 모든 고전학자가 이런 작업을 하는 것은 아니지만 학문은 자체 자원과 기존의 관습에만 철저히 의존하는 내향적 태도를 보여서는 안 된다. 대다수의 고전학자들은 새로운 질문을 제기하고 증거를 해석하는 방법에 새로운 아이디어를 얻기 위해 다른 학문의 동향을 끊임없이 관찰한다. 이에 대해 비근대적 과거에 근대적 사고를 '부여한다'며 시대착오적이라는 비난이 제기될 수 있고 실제로 그럴 가능성도 항상 존재한다. 하지만 과거를 연구하려는 모든 시도, 특히 10년 이상 떨어진 먼 과거를 연구할 때는 불가피하게 시대착오적일 수밖에 없다. 우리는 이미 지나간 과거를 돌아보는 유리한 위치에 서 있기에 특정 사건에 이어 어떤 일이 벌어졌는지 알고 있고 사전에 형성된 가정, 개념, 우선순위를 바탕으로 우리 나름의 언어로 번역한다. 현대적 조건에서 과거를 해석한다는 사실을 인식하면서 근대적 사고와 이론에 의지하면 잘못된 길로 빠질 가능성이 낮다. 새로운 연구 질문을 제시하고 익숙한 증거를 새로운 시각에서 조망하여 심도 깊은 이해를 가능케 하는 수단을 제공하며 새로운 연구 분야를 만들 수도 있다.

중요한 예로, 페미니즘과 젠더에 대한 근대적 이해가 과거에 대한 이해의 증진에 어떤 영향을 미쳤는지 파악할 수 있다. 1960년대 후반까지 여성들은 학문적 조사의 대상으로 거의 인식되지 않았다. 기껏해야 시적 열망이나 신화의 불운에 관련된 주제를 논하면서 슬쩍 언급될 뿐이었다. 혹은 클레오파트라나 부디카Boudicca처럼 정치나 전쟁 등 일반적으로 남자들의 세계로 알려진 영역에서 주도권을 쥔, 매우 드문 사례를 자극적으로 전하는 정도였다. 고대를 연구하는 학자들은 특별히 이를 문제로 인식하지 않았다.

페미니즘 사상의 발전은 사회와 문화 구조 내에서 여성의 위치에 대한 관심으로 이어졌고 중요한 연구 질문을 던졌다. 혹자는 이러한 사고의 기본 원칙은 '여성'을 과거든 현재든 사회를 분석할 때 중요한 용어로 삼는 것이라고 주장할 수 있다. 이 경우 완전히 새로운 연구 분야가 형성되어 소수의 예외적인 사례가 아닌 일상생활에서 고대 여성의 삶을 재구성할 수 있다. 이러한 선구자적 시도는 우리가 가진 증거가 얼마나 부족한지를 더 부각시켰고 사상 처음으로 현대를 당연하고 문제없는 시대가 아닌 남성이 저자와 독자를 장악하고 있는 시대로 분명하게 규정지었다.

근본적 문제의 인식은 남성들의 사고, 감정과 대비되는 여성들의 사고, 감정은 물론이거니와 여성들이 현실적으로 어떤 생활을 했는지 발견하기가 얼마나 어려운지 여실히 느끼게 해줬다. 아테네 여성들은 정말 집 한 모퉁이에 따로 떨어져 지냈을까, 아니면 이는 남성들의 이상에 불과했을까, 그저 엘리트의 관행은 아니었을까? 하지만 우리는 최소한 알고자 했으나 알지 못했던, 고대에 대해 우리가 가진 이미지의 부분적 특성이 무엇인지 깨달을 수 있었다. 이제 우리는 자료뿐 아니라 근대의 재구성과 가정에서도 중요한 사항이 빠져 있음을 인식할 수 있다. 예를 들어, 크세노폰Xenophon의 『오이코노미쿠스』에는 여성들이 그리스의 가계에 어떤 기여를 했는지 설명되어 있는데 그 설명 방식이 남성 철학자의 담론에 치우쳐 있다. 이를 근대 역사학자들은 '적절한(예를 들어, 남성의)' 생산적 노동력이라는 고정적 시각에서 해석했다.

이후 남성과 여성의 적절한 행동에 대한 기대와 성적 차이가 문화적으로 어떻게 표현되었는지와 같은 젠더 이론의 발전은 고려할 만한 고대 자료의 범위를 확대시켰다. 유베날리스Juvenalis와 같은 풍자가를 무시하는 대신 그가 실제 여성의 삶에 대한 증거를 제시하지 않는다는 점을 근거로 그의 작품에 로마 가부장제의 편견, 남성성과 여성성이라는 개념의 상호의존성이 반영되어 있다고 해석할 수 있다. 일부 연구는 근본적으로 과거를 그 자체로 재구성하려는 노력을 기울인다. 또 다른 연구에는 보다 정치적이고 야망 있는 목적을 분명히 드러내 여성을 역사의 장면에 다시 집어넣기(여성의 역사는 하위 연구 분야로 일반 서적의 한 섹션이나 장으로 다루다

"

비근대적 과거에 근대적 사고를 '부여한다'며 시대착오적이라는 비난이 제기될 수 있고 실제로 그럴 가능성도 항상 존재한다. 하지만 과거를 연구하려는 모든 시도, 특히 10년 이상 떨어진 먼 과거를 연구할 때는 불가피하게 시대착오적일 수밖에 없다.

"

가 무시될 위험이 있음)뿐 아니라 전체 이해의 재사고를 요구한다. 그리스나 로마 사회의 전체 구조가 소외, 여성의 지배에 의존했음을 확인할 때, 또는 시인과 예술가들이 찬미하는 고전 신화에 등장하는 수많은 강간 이야기에서부터 여성을 통제 불가능한 짐승이며 부패의 근원으로 인식하는 고대 사상과 초기 그리스도교 저작물을 고려할 때 고전 문화가 여성 혐오증에 빠진 것으로 보인다는 점에서 우리는 그리스, 로마 사회를 어느 정도 가부장적이라고 특징지어야 할까? 페미니즘과 젠더 문제는 조사의 새로운 영역을 제공할 뿐만 아니라 우리가 알고 있다고 생각한 모든 바를 재평가하도록 우리를 밀어 넣는다.

이는 명백하게 근대적인 시각이다. 그리스인과 로마인은 분명 성별의 차이 면에서 생각했고 성적 행동의 규범과 선입견을 형성했다. 그러나 그들은 이 차이, 규범, 선입견을 '젠더' 혹은 '가부장제' 면에서 분석한 것은 아니다. 젠더 문제로 이름 붙일 만한 고대의 사례를 탐색하려는 멋진 시도가 일어나고 있지만, 대부분의 경우 고대 저자들은 일반적이고 의심 없이 받아들여지는 전통적인 규범을 수용했으며, 이들의 저작을 무비판적으로 읽어서는 토론할 만한 어떤 요소도 발견하기 어렵다. 젠더에 대한 개념이야 말로 이러한 문제를 인식하고 과거에 대한 이해를 풍부하게 만든다.

이는 단순히 과거에 근대의 개념을 덧입히는 문제가 아니다. 시대착오적인 생각은 우리가 과거를 우리만의 상황에서 이해하는 것을 피할 수 없다는 사실에 있다. 근대적 개념을 통해 고대를 분석한 결과 유사점 못지않게 차이점을 강조하는 경우가 종종 벌어진다. 개념과 이론적 관념을 신중하게 사용하는 것은 우리의 해석이 명백한 상식인 양 제시하는 대신 증거를 어떻게 해석하는지에 대해 솔직한 태도를 취하게 만든다.

인종의 예를 들어보자. 최근까지도 고대에 대한 근대적 서술은 그리스와 로마가 문제없이, 획일적으로 '백인' 사회였다는 점을 당연시했다. (대중적 역사책과 라틴어 교과서의 삽화를 보라.) 고대 문헌이나 모자이크에서 '에티오피아인' 또는 다른 아프리카인을 묘사하거나 설명하는 경우 고대인들이 훗날 유럽인과 동일한 방식으로 인종을 바라봤다거나, 인종적 차이를 파악했으나 19세기처럼 본질적인 열등함에 대한 가정을 적용하지 않았다고 볼 수 있다. 고대 인종, 고대에 신체적으로나 문화적인 차이가 표시되고 해석된 방법, 피아의 개념이 정립된 방법에 대한 명쾌하고 이론적으로 잘 정립된 연구에서는 양 접근법이 절망적일 정도로 단순하다는 점을 알려준다. '백색'은 근대적 개념이며 백색이 기본적으로 헬레니즘이나 로마의 정체성과 동일하다는 가정은 시대착오적이다. 이론은 과거와 현재 사이의 대화를 설정하고 차이점과 유사점을 탐색하며 과거나 현재에 대한 우리의 이해가 어느 정도나 기존에 우리가 가지고 있던 개념과 가정으로 형성되었는지 강조한다.

어떤 근대 이론은 그들의 보편적 적용 가능성에 대해 강력하게 주장하고 역사적 차이에 무관심하다. 대표적인 예로, 신고전주의 경제학을 들 수 있으며 진화심리학도 마찬가지다. 전형적인 고전주의자는 인간 본성의 보편성에 대한 거창한 주장에 본능적으로 반기를 들며 문화적 차이의 중요성을 주장한다. 하지만 우리는 유효함을 설득당하는 경우 그러한 이론이 설득력을 가지고 있다고 인정한다. 따라서 이 질문은 논쟁의 초점이 되어 이론 자체와 출발점으로 간주되는 고대 세계에 대한 설명의 타당성 모두를 탐색한다. 문헌과 다양한 증거는 언제나 다양한 방법으로 해석될 수 있다. 따라서 독자는 로마 경제학자를 합리적 선택이론으로 분석하거나 베르길리우스Vergilius의 『아에네이드』를 프로이드의 정신분석(부모 문제 등등)을 통해 읽을 수 있다. 문제는 그러한 독서가 설득력 있게 보이는지, 생산적으로 보이는지다. 학자들은 근대 경제 이론이 보편적인 진실을 드러낸다는 가정의 정치적 함의에 반대할 것이다. (특히 칼 마르크스와 같은 이들은 고대를 어떤 측면에서도 자본주의로 볼 수 없다며 거세게 반대할 것이다.) 하지만 반대 입장 역시 정치적이며, 고대를 자본주의로부터 안전한 장소로 설정하려 한다.

고전학자들은 조금이라도 관련이 있는 연구에 쓸 만한 개념이 없는지 살핀다. 예를 들어, 후기 고대의 연설이 어떤 방식으로 청자의 행동 변화를 설득하도록 구성되었는지를 이해하기 위해 최근 인지과학의 발전을 살핀다거나 고대 국가가 이미지를 발전시키고 정통성을 세운 방법을 파악하기 위해 미디어 이론을 철저히 연구할 수 있다. 고대 교역과 이주를 해석하는 데 망 이론을 일부 차용한다거나 인류학, 비교문학, 철학 또는 정치과학을 살필 수도 있다. 이러한 습관에는 시대에 뒤떨어지거나 피상적 이해에 그치는 아마추어리즘의 위험이 따른다. 온전한 지식을 얻기 위해서 노력에 대해 예상되는 보상보다 훨씬 더 많은 시간 투자가 필요할 때, 특정 과목의 한 책을 정독하지 않고 여러 책을 읽을 때 나타나는 부작용과 같다. 학자들은 다른 학문의 동향에 익숙해지려는 노력은커녕 자기 분야의 최신 연구를 따라잡기에도 분주하다. 게다가 고대 경제사학자들이 경제 등을 형편없이 이해한 사례는 무궁무진하다.

안전한 학문 공간으로 후퇴하는 것이 아니라 협력과 지적 교환을 시도하는 것이 이 문제의 답이 되고 있다. 다른 분야와 협업하고 다른 언어를 배운다(전문 어휘 정도이지만 여전히 각 학문에서 당연시되는 가정에 속한다). 그 결과로 얻은 연구물이 신뢰성을 갖추고 동료 고전학자들뿐만 아니라 다른 분야 학자들의 관심도 얻기를 바란다. 미래는 비교 연구의 대상으로, 고고학자가 언어학자와, 철학자가 미학자와, 문학 전문가가 경제사학자와 협업하는, 그 자체로 학계 연구가 이루어지는 영역이다.

언어

/

이 시점에서 "고전학은 언어에 대한 학문이 아니던가?" 하는 질문을 제기할 수 있다. 그리스어와 라틴어 외에 히브리어, 아람어, 산스크리트어, 고대 페르시아어, 이집트어, 콥트어, 고트어나 아라비아어도 있는데 굳이 그리스어와 라틴어여야 하는가?

1장에서 다뤘지만 전통적으로 언어적 및 철학적 기교는 전체 고전 연구의 핵심, 고전학자들을 다른 학문과 차별화시키고 고전 문명의 경이에 완전하고도 직접적으로 다가서게 하는 훈련이었다. 고전학자가 된다는 것은 곧 고전 문서를 원래 언어로 능숙하게 읽는다는 의미가 되었다. 그러더니 문헌학 연구, 발견, 글의 수정과 마무리, 구체적인 언어 분석으로 나아갔다. 언어적 기교를 문학, 역사, 철학 문헌의 설명에 쏟기도 했지만 언제나 언어를 모든 종류의 고전 연구와 뗄 수 없는 기초로 여겼다. 고대의 건축물, 예술작품, 물질문화를 조사할 때도 예술작품과 건축에 대한 고대의 보고서나 다양한 건축물에 대한 설명, 고대인의 삶에 대한 이야기 등 해당 유물을 설명할 수 있는 글을 이해하기 위해 고대어의 전문적 구사 능력을 기대했다.

이는 그러한 접근법이 안고 있는 분명한 문제를 드러낸다. 언어 능력은 문화를 연구하는 사람들에게 의문의 여지없이 유용하다. 다만 고전학은 고전고대 세계의 온전한 이야기를 제공하려는 목표를 가져야 하며, 온전성에 대한 개념은 좁고 부분적이며 드러낼 수 있는 정도여야 한다. 대부분 글의 일부, 문화 권위와 문학적 이점으로 정의된 핵심 규범이다. 이는 모든 범위의 고대 저작과 사상을 재구성하는 시도 대신 결정적이며 (전문가가 아니라도) 고대에 대해 알기 원하는 모든 이가 알아야 할 전부를 갖춘 소수의 명작에 치중하도록 만든다. 명저 강의에서 항상 찾아볼 수 있던 태도다. 역사적 주제에서 이러한 접근법은 (전해져 내려오는 문서가 고대 세계 대부분을 직접적으로 표현하지 못한다는 사실을 무시하고) 고대 엘리트가 자신에 대해 말하는 바에 의존한다. 더불어 경제, 사회보다는 고대 엘리트가 흥미를 느꼈던 정치, 전쟁에 자료가 집중된다. 대중의 삶은 말할 것도 없다. 고고학에서 이러한 학문적 접근은 사료에 대한 질문을 규정하는 경향이 있었다. 가능한 모든 장소를 고대 문헌에 열거된 장소와 연관지으며(종종 고고학 활동은 거론된 장소의 탐색으로 시작된다) 특정 지역의 파괴 흔적은 인근 지역에서 있었다고 알려진 전쟁과 결부시킨다. 어떤 지역의 전반적 발전은 우세한 역사, 문헌 기반의 해석 측면에서 풀이된다. 예를 들어, 수십 년 동안 로마시 주변 지역에서 고고학자들은 2세기에 활동한 그리스의 저술가 플루타르크의 전기에 담긴 내용을 시험하는 데 노력을 집중했다. 기원전 2세기 로마의 포퓰리스트 정치인인 티베리우스 그라쿠스Tiberius Graccus는 이 지역을 여행하면서 버려져 있는 것을 발견하고 공포에 질렸다. 자신감 넘치는, 고고학에 집중한 연구 프로그램을 통해 유물이 실제로 무엇을 말하는지 집중적으로 평가하고 이를 문학적 자료에 나타나

오늘날 고전학자들은 문헌의 한계와 문헌이 알
려줄 수 있는 바와 알려줄 수 없는 바는 무엇인지
더욱 분명히 인식하고 있으며 새로운 질문과 해
석을 발전시키는 다양한 방법을 갖추고 있다.

는 발언을 평가하는 맥락으로 활용한다 해도, 조사에서 황폐화된 지역이 아닌, 이 시기에 존재했던 수많은 지역과 다른 활동들이 발견되었다는 점은 설명이 필요한 부분이다.[2]

　문제는 좁은 시각으로 고대를 이해하려는 시도가 어떤 영향을 미치는지에 그치지 않는다. 이는 학자들이 포함시키려 고려하는 증거의 유형을 최대한 확대하고 글에서 암시되는 내용 이상으로 질문 범위를 넓히는 방법으로 많은 부분 해소되었다. 오늘날 고전학자들은 문헌의 한계와 문헌이 알려줄 수 있는 바와 알려줄 수 없는 바는 무엇인지 더욱 분명히 인식하고 있으며 새로운 질문과 해석을 발전시키는 다양한 방법을 갖추고 있다. 또 다른 문제는 광범위한 문화에서 학문의 입장에 대한 영향, 다른 이들이 인식하는 방식에 미치는 영향이며 그 결과 학생과 교사의 관계가 형성된다. '적절한 고전'이 고전어 학습으로 규정되는 한 교사와 연구자들은 높은 수준의 고전어 구사 능력을 갖추도록 기대되며, 고전학은 목적이 다른 작업은 배제시키는 데 있는 수단을 이용할 것이다. 일부 학교는 고전어를 높은 수준까지 가르치려는 경향이 강하다. 이에 따라 원하기만 하면 고전을 연구할 수 있다고 생각하는 학생들을 배출한다. 일부 학생들은 다른 학생들보다 고전어 연구를 선택할 가능성이 높다. 대학에서 입학 전에 고전어를 배울 기회가 없던 학생들을 위해 '고전 연구' 프로그램을 신설하더라도 그러한 프로그램이 실제의 불충분한 대체물로 간주된다면 별 도움이 되지 않는다. 학교에서 고전 과목의 학습을 확대하려는 프로젝트는 고전에 헌신적인 사람들의 견해로서 훌륭하지만 고전 연구의 전체 범위를 다루지 않고 언어 교육에만 치중해서는 문제를 지속시킬 뿐이다.[3]

의심할 여지없이 고전학에는 고전어와 문학 전문가로서 단편적인 글을 재구성할 수 있는 지식과 기술을 충분히 갖추고 작품의 복잡성을 이해하며 은유와 다른 문학적 효과를 탐색하고 다른 작품과 저자 등을 향한 미묘한 암시를 인식하는 사람들이 필요하다. 하지만 고전학을 연구하는 모두가 언어학자일 필요는 없다. 고전 연구의 상당 영역은 굳이 그리스어나 라틴어 원전을 읽지 않고도 높은 수준으로 발전시킬 수 있다. 프로젝트의 증거가 기본적으로 물질적 속성이거나 적합한 번역이 이미 존재하거나 주제가 사실은 근대에 대한 것인 경우가 여기에 속한다. (다음 장에서 언급할 고전의 수용도 포함된다.) 라틴어나 그리스어에 대한 일부 지식을 갖춘다면 물론 대다수의 주제를 연구할 때 유리한 점이 있어 주제를 연구하는 학자들의 주장을 따르거나 구체적 내용을 확인하도록 병행 문헌을 이용하거나 특정 구절의 번역을 확인할 수 있다. 하지만 모든 고전 연구자들이 도움 없이 글을 이해하거나 높은 수준의 언어를 학생에게 가르칠 수 있는 언어 이해를 갖출 필요는 없다. 학생들이 대학에서 그리스어와 라틴어를 시작하여 높은 수준으로 기술을 발전시키는 일도 가능하다. 어릴 때부터 고전어를 공부한 학생들을 따라잡기도 가능하다. 하지만 모두에게 해당되는 말은 아니며 언어에 매진하면서 학생들이 발전시키지 못하는 기술에 대해서도 고려해야 한다.

고전의 핵심이 무엇인가에 대한 일반적인 생각과 더불어 일부 전문 고전학자들의 가정 속에 계속해서 언어가 지배적인 위치를 차지하는 것은 일부분 역사라는 학문의 유산이며 고전을 다른 학문과 차별화하기 위한 수단으로서 고전어의 특수한 전문성과 난해한 지식을 사용했기 때문이다. 또한 모든 연구는 결국 개인이 수행해야 하므로 필요한 모든 기술을 갖춰야 한다는 외톨이 학자들의 의견이 전통으로 내려오고 있다. 이는 우리가 모든 일을 스스로 할 필요가 없다는 단순한 사실을 무시한다. 우리는 학문 안팎의 다른 학자들과 협력할 수 있다. 적어도 역사 주제에 관한 연구를 하는 연구자에게 고고학이 언어 못지않게 중요하다는 생각도 든다. 이에 나는 전문 고고학자들의 연구를 활용하고 고고학자들과 생산적 대화가 가능할 정도의 지식을 갖추려 노력한다. 고전 내부의 다른 전문 분야 사이에서는 일반적으로 일어나는 일이니 언어 측면에서도 일반화되어야 한다. 그래야 다른 분야의 연구에서도 연구 목적으로 그리스어나 라틴어 지식을 충분히 익힐 수 있고 만약 그 학자들이 더 수준 높은 질문을 품게 되면 고전어 전문가를 찾아가 문의를 할 것이다.

맥락

/

학제 연구는 고전학의 성공과 더불어 고전 분야를 연구하거나 과목을 공부할 때 누리는 큰 기쁨에서 핵심을 차지한다. 고전학은 고전 세계에 대한 매우 다양한 견해를 아우르며 다양한 기술과 이론에 의지한다. 이러한 다양한 요소가 서로 잘 들어맞고 지지하기도 하지만 서로 부딪치거나 갈등을 일으키기도 한다. 많은 학문이 동일한 패러다임, 기존에 수용되던 절차와 방법의 범위 안에서 주로 연구를 수행하는 반면 고전 연구는 다양한 패러다임, 접근법, 방법의 생산적 충돌에 대한 것이다. 새로운 지식과 이해는 해묵은 문제에 새로운 이론을 적용하거나 새로운 문제에 익숙한 증거를

> "
>
> 고전학은 고전 세계에 대한 매우 다양한 견해를
> 아우르며 다양한 기술과 이론에 의지한다. 이러한
> 다양한 요소가 서로 잘 들어맞고 지지하기도 하지
> 만 서로 부딪치거나 갈등을 일으키기도 한다.
>
> "

대입하거나 동일한 문제를 다양한 시각에서 고찰할 때 가능하다. 이는 사소한 증거라도 다양한 방법과 다양한 맥락에서 해석될 수 있으며 여러 다른 학자들과 생산적인 대화로 발전시킬 수 있다는 강한 의식sense에서 비롯된다.

그리스 비극을 고전 전통의 가장 중요한 주제 가운데 하나로 삼기 위해서는 어떻게 생각해야 할까? 우선 비극이 기록된 문헌이 있고 언어, 스타일, 다양한 운율이 존재한다. 저자 개인의 여러 작품과 비교하고 다른 저자의 작품과 비교도 한다. 고대 아이스킬로스Aeschylos부터 섬세하고 '보다 근대적' 인 에우리피데스에 이르는 역사적 발전을 동일하게 볼 것인가? 아니면 대화 속 상이한 저술 스타일과 개념으로 봐야 하는가? 플롯과 인물에는 다양한 출처가 있는데, 예를 들어 그리스 신화 속 이야기, 호메로스와 다른 시에 등장하는 개작된 이야기, 화병이나 조각상의 예술적 표현, 비극 작가가 이러한 소재를 각색하고 자신의 목적에 맞게 플롯을 바꾸는 방식을 들 수 있다. (우리에게 익숙한 오이디푸스를 예로 들면, 스핑크스를 물리치고 어머니와 결혼하며 결국에는 자기 눈을 찌르는 버전은 전통적인 이야기가 아니라 대체로 소포클레스가 창작한 것이다.) 극이 실제로 무대에서 구현되는 방식인 퍼포먼스를 아테네 시민이 열던 축제의 종교-정치 관련 구체적 맥락에서 재구성할 수 있다. 아테네 또는 그리스 정치 담론, 성 역할에 대한 추정, 법이나 가정, 공동체, 정의에 대한 인식에 광범위한 맥락이 존재하며 때로는 비극의 배경을 이루어 우리가 극을 해석하도록 도와주며 때로는 전체 학문의 주제가 되기도 한다. 철학자, 비평가의 논의, 다른 작가와 시각 예술가들의 극에 대한 이해도 있다. 이와 더불어 근대의 퍼포먼스, 번역, 각색, 수정, 재작업은 원전에 대한 이해에 영향을 미칠 수 있다. 비극, 심리, 정치 담론, 미디어, 연극 행위에 대한 근대 이론은 새로운 질문과 읽을거리를 제시한다.

다양한 견해에서 그 무엇도 완벽한 이해를 제공하지 못한다. 일부 아이디어는 서로 모순되며 양립할 수 없기도 하다. 이 모두가 비극에 대한 토론과 논쟁에 반영된다. 이는 고대의 다양한 세계와 여러 측면 가운데 하나의 예에 불과하며 과거의 재구성과 우리의 이해에서 일부분을 차지할 뿐이다. 아테네의 정치는 아테네 비극의 맥락의 일부이지만 반대로 비극이 아테네 정치의 맥락의 일부이기도 하다. 결국 우리는 연설과 행위가 중요시되던 구두 사회를 연구하는 것이며 갈등[agon], 즉 의미를 규정하기 위해 극장이나 의회에서 두 가지 관점 사이에 기성 형식(연극 등에서 특정 효과를 낳기 위해 쓰는 잘 알려진 유형이나 스타일-역자 주)의 토론과 충돌을 확인할 수 있다. 고전학자들은 자신의 이해관계 때문에, 혹은 그것이 이 과목이 구성된 방식이기 때문에 스스로를 문학 연구나 역사적 접근 또는 철학과 동일시한다. 하지만 거듭 말하지만, 고전학자들이 과거를 추적하려면 그러한 장벽을 무너뜨리고 고대에 대한 불가피하게 단편적 견해를 놓고 아이디어를 자유롭게 교환하며 다양한 견해를 탐색해야 한다.

CLASSICS

현재의 이해

고대의 수용

/

고전은 지금까지 중요한 의미를 지녀왔다는 점에서 중요하다. 물론 고전은 일반적으로 과거가 중요한 이유의 일부분을 이룬다. 고전은 우리가 믿는 바, 우리의 정체성, 세계 속에서 우리의 위치, 우리 제도와 관행의 유래를 알려준다. 고전에서 우리는 대부분 상상 속 혈통과 유산을 다루며 이는 채택과 각색에 관련된 문제다. 그렇다고 그 중요성이 덜한 것은 아니다.

글, 법, 예술작품, 사상, 건축물, 언어, 도덕적 모범, 의복등 고대 문화의 다양한 면모는 고대 문명이 종말을 맞은 후에도 지속적으로 영향을 미쳤다. 때로는 고대에서 현재까지 이어지는 연속성을 직접적으로 추적할 수 있다. 많은 경우 이러한 전통은 일반적인 지식이나 쓰임과 거리가 멀어진 고대 유물의 재도입과 관련되어 있다. 문화와 지식의 모든 분야에서 그리스, 로마 모델이 절대적 권위를 가지면서 고전 사상은 르네상스와 유럽의 초기 근대 문화에 스며들었고, 이후 유럽인들의 교역과 정복 활동이 활발해지면서 세계의 다른 지역으로 확산되기에 이르렀다.

하지만 이는 유럽인만의 전통은 아니었다. 아랍 세계 역시 고전 사상에 익숙하여 일부 그리스의 문헌을 아랍의 지식 문화에 포함시켰다. 오히려 중세 유럽(적어도 서유럽)에서는 이 문헌을 라틴 저술가가 언급해야 아는 정도였다. 반면 근대 초기에 서유럽의 지식인들은 고전에 친숙했다. 저서에 고전과 관련된 암시와 언급을 대거 사용했으며 이 과정에서 어려움을 겪는다거나 참조를 제공할 필요가 없었다. 유럽의 후손들은 이 전통을 아메리카 대륙, 아시아, 아프리카, 호주와 뉴질랜드까지 전파했다. 근대 들어 고전의 절대 권위에 의문이 제기되기 시작했음에도 그리스와 로마의 문화유산은 철학자, 예술가, 정치인, 역사학자들에게 익숙한 사례, 강렬한 이미지와 도발적인 주장이 가득한 놀라운 보고였다. 다시 말해, 물리적으로 완전히 고립된 지역을 제외한다면 오늘날 인류 문화의 모든 분야에서 고전 세계의 영향을 받지 않은 사례를 찾기란 쉽지 않다. 물론 오늘날에는 그 영향이 미량원소(매우 적은 양이지만 꼭 필요한 원소-역자 주) 수준에 그치는 경우가 많다.

열거할 만한 사례는 풍부하다. 로마법(과 로마 시대 이전의 일부 요소)은 전 세계 법전의 발전에 영향을 미쳤으며 영국 관습법처럼 꽤 상이한 체계와 전통에 기초하는 법에도 영향을 끼쳤다. 자유에 관한 그리스와 로마 시대의 개념은 자세히 조사해보면 오늘날 이해되는 방식과 매우 달라 보인다. 하지만 고대 시대의 자유를 향한 이상과 그 중요성은 오늘날 서양의 정치를 이해하는 데 영향을 미치는 담론에서 따로 뗄 수 없는 일부분을 차지한다. 카이사르, 클레오파트라, 알렉산드로스 대왕 등 고대의 인물과 고대의 전기에 기록된 인물들의 성격, 행위의 도덕적 해석은 지금도 강력한 영향력을 발휘한다. 복잡한 문화적 상징, 전설은 극, 영화, TV 시리즈를 통해 정기적으로 재생산되고 재구성되었다. 고전 양식의 기

<그림 2> 허버트 제임스 드레이퍼의 <율리시스와 세이렌>(1909). 모든 요소가 고상한가?

둥은 전 세계 어느 건축물에서나 나타나는 보편적 특성으로 자리 잡았다. 기본적인 구조보다는 장식 차원에서 활용된 지 오래더라도 전통주의의 위엄과 우아함을 증명한 사례임에 틀림없다. 고전은 끊임없이 변화하면서도 시청자와 독자들에게 늘 특별한 분위기를 형성한다.

과거의 고전을 수용하는 것은 언제나 복잡하고 다채로운 일이다. 시각예술을 예로 들면, 고대의 예술은 후대 예술가들에게 직접 복제하거나 모방할 만한 모형, 인간의 양식을 어떻게 묘사할 것인가에 대한 폭넓은 감각, 대리석이나 청동 등 재료를 다루는 다양한 기법, '고전주의'를 나타내는 문양과 속성, 예술과 미학을 주제로 한 고대의 이론적 저술, 고대 사상에 의존하거나 고대 유물과 이미지의 새로운 분석을 발전시키는 예술과 미학을 다루는 근대의 이론적 저술, (신화, 신화적 이야기의 문학 버전 등) 소재의 거대한 보고, 예술적 표현에 포함시킬 수 있는 고대인의 일상 관련 증거(다만, 19세기 예술가 로렌스 알마 타데마Lawrence Alma-Tadema의 그림에서 고대 도시는 매우 밝고 깨끗하게 표현되어 있음), 나신에 가까운 여성(세이렌은 옷을 입고 다녔을까? <그림 2>에서 알 수 있듯 허버트 제임스 드레이퍼Herbert James Draper는 생각이 달랐던 듯함)이나 노골적 포르노를 그린 행위에 대한 완벽한 변명, 고대 예술의 연구를 기초로 발전시킨 그리스 정신에 대한 사상과 새로운 예술에 활용할 수 있는 영감(위대한 J. J. 빙켈만의 연구 참고), 근대주의자와 아방가르드 예술가들이 기꺼이 저항할 예술에 부정적인 모든 것의 모형을 제공한다. 아울러 조르조 데 키리코Giorgio de Chirico의 <시인의 불확실성>(1913), 살바도르 달리Salvador Dali의 <서랍이 달린 밀로의 비너스>(1936), 앙리 마티스Henri Matisse의 <이카루스>(1947)에서 보듯 고전과 '진정한' 고대 정신을 모티브 삼아 고전을 뛰어넘는 작품 활동이 가능했다. 어떤 시기에는 고대 이미지와 고대 사상이 예술적 완벽함, 도달 불가능한 이상향, 미와 진리의 정수를 나타낸다고 여겼다. 다른 시기에는 그저 화석, 현대에 대한 전통의 압박, 위험한 거짓말, 혐오의 대상으로 간주되었다. 많은 시기에 고전에 대한 시각이 혼재했으며 예술의 본질적 속성과 목표에 대한 논의가 주를 이뤘다.

대안으로, 우리는 동일한 고대의 사례가 읽히고 해석되는 다양한 맥락을 조사할 수도 있다. 5세기 아테네의 저술가 투키디데스는 14세기 비잔티움에서 서유럽으로 작품이 다시 소개되면서 영향력이 커졌다. 투키디데스는 종종 '역사학자'로 불리는데 그가 설명하는 사건의 신뢰할 만한 출처일 뿐만 아니라(많은 독자들은 탁월한 객관성을 갖췄다는 투키디데스 자신의 주장도 신뢰할 것이다) 오늘날 역사를 어떻게 연구하고 기록해야 하는지를 보여주는 모형으로 간주된다. 19세기에도 투키디데스는 '역사과학'의 규칙을 정립한 인물로 칭송되었으며 독일 학자들이 역사과학을 뒤늦게 재발견한 것으로 간주되었다.

하지만 투키디데스를 정치이론가나 철학자, 혹은 새로운 유형의 혼성체hybrid로 보는 전통도 오래되었다(철학자 토머스 홉스Thomas Hobbes는 투키디데스를 가리켜 '역사상 가장 정치적인 수사가'라고 칭했으며 인간 사회의 속성에 대한 투키디데스의 주장을 활용했다). 전략, 군사 교육, 미 해군대학 등 군사학교의 커리큘럼, 게임이론의 선구적 연구에서 그는 근대 국제관계 이론의 권위자(많은 경우 최초의 현실주의자)로 인용되며 비디오 게임, 밥 딜런의 전기, 재향군인의 날 연설, 유럽연합의 헌법 초안, 미국 상원의 논의에도 등장한다. 9.11 테러 이후 메이저

오웬스Major Owens 의원은 페리클레스Perikles의 추도 연설을 엄숙하게 언급했다.

> 강탈당한 모든 기간에
> 강은 눈물을 흘리고
> 서늘한 한기를 느끼네
> 얼어붙은 빙산
> 피눈물
> 페리클레스의 저항하는 추도사
> 잿더미를 딛고
> 이제 일어서야 하네
> 제퍼슨의 심오한 원칙은
> 잔해보다 오래가리[1]

투키디데스의 해석은 일관성이 없고 때로는 모순적이다. 맥락에 따라 여러 투키디데스와 마주치기도 한다. 그렇더라도 투키디데스의 위상에는 별 영향을 미치지 않는 듯하다. "역사는 사례를 통해 가르치는 철학이다—투키디데스" 혹은

> 물리적으로 완전히 고립된 지역을 제외하면 오늘날 인류 문화의 모든 분야에서 고전 세계의 영향을 받지 않은 사례를 찾기란 쉽지 않다.

"학자를 전사로부터 분리시키는 사회에서는 겁쟁이를 통해 사고하고 어리석은 자를 통해 싸운다—투키디데스" 등의 트 윗이 게시될 때마다 투키디데스라는 인물은 인용할 만한 저 술가라는 이미지가 짙어진다. 실제로는 두 인용문 모두 투키 디데스가 남긴 격언이 아니다.

이러한 잘못된 귀인은 오랫동안 고대 수용의 사례와 고 전고대의 실재 사이에 연결성이 무척 느슨하거나 대체로 상 상에 의존했음을 상기시키지만 상상된 과거의 영향력을 축 소할 필요는 없다. 고전 세계와 문화는 여전히 막강한 권위 를 지니며 고전학자의 임무에는 이 권위가 허구 또는 가짜에 기인함을 지적하는 작업도 포함된다. 하지만 고전학자들이 그런 주제에 지나치게 몰입할 우려도 있음을 유념해야 한다. (내가 거짓 투키디데스 인용을 잡아내는 데 열을 올리는 트위터 계정 운영자처럼 말하고 있음을 잘 알고 있다.) 이런 학자들은 고대 세 계를 어떻게 활용할지 지시할 뿐만 아니라 고전 요소를 과대 평가하도록 결정할 독점적 권한이 자신에게 있다고 주장한 다. 사면초가 상태로 소외된 학문에 몸담은 우리 고전학자들 은 TV 프로그램[폼페이 배경의 <닥터 후Doctor Who>(미래와 과거를 넘나들며 외계로부터 지구를 지키기 위해 싸우는 닥터의 시간 여행 이야기를 다룬 영국 드라마-역자 주)라니!!]이나 공공담론[스티브 배넌Steve Bannon(트럼프 정부의 전 백악관 수석전략가-역자 주)은 스파르타를 좋아한다!]에서 고전 요소를 발견하면 객관적인 고찰을 떠나 "그렇지, 고전은 여전히 중요한 의미를 지니고 있어!"라며 기뻐한다. 근대 문화상품에 포함된 고전 요소에 대해 설명하고 고대의 조상을 밝히는 정도에 그칠 뿐 영향을 분석하거나 문헌과 예술 작품을 직접적인 맥락에서 설명하지는 않는 경우가 있다. 우리는 고전적 요소를 자동으로 식별해내고 다른 사람들도 이를 알아보고 중요하게 여기리라 가정한다. 사실 근대 국제관계 이론의 대다수 측면, 핵심 주의와 가정에서 투키디데스에 대한 언급을 전부 삭제하더라도 큰 영향이 없을 것이다. 투키디데스가 전혀 중요하지 않다는 말이 아니다. (투키디데스의 인용을 중단해야 한다는 기사가 게재되더라도 국제관계 이론가들은 그렇게 하지 않으리라는 점은 시사하는 바가 있다.) 하지만 투키디데스는 국제관계학보다는 그에 대한 언급을 식별해내는 고전학자들에게 더 중요한 의미를 지닌다.

일각에서는 고전학자들이 고전 수용을 연구하기에 최적

의 인물이 아닐 수도 있다고 주장한다. 고전학자들은 고전 원전에 대한 익숙한 배경지식이 있지만 바로 그 이유 때문에 중요성을 과대평가하는 경향이 있다. 또한 고전의 수용에서 많은 부분이 기껏해야 우리가 실재라고 여기는 바의 모호하고, 비학문적이며 상상이 가미된 버전과 연관되어 있음을 무시한다. 예를 들어, 18세기 미국의 정치사상이나 21세기 고전음악의 분석에서 일어나는 고전 수용의 연구에는 고전이 아닌 18세기 미국 정치사상이나 21세기 고전음악의 분석이 관련되며 맥락과 전통, 관련 학문에 대한 구체적인 지식이 필요하다.

이처럼 추가적인 분야에서 전문성을 발전시키는 고전학자들은 자신의 발견이 해당 분야의 전문가들에게도 동일하게 설득력을 가지리라 생각하지만 꼭 그런 것은 아니다. 고전학자들은 속도감 있게 작업을 추진하거나 적절한 공동작업을 진행하여 다른 학문의 전문성과 기타 역사적 맥락의 특수성을 진지하게 받아들여야 한다. 또한 고전학자들의 질문만 중요하다는 가정을 버리고, 고전 요소가 광범위한 연구에서 단지 일부분에 불과하더라도 다른 분야 연구 어젠다가 타

"

고전학자들은 고전 원전에 대한 익숙한 배경지식
이 있지만 바로 그 이유 때문에 중요성을 과대평
가하는 경향이 있다.

"

당함을 인정해야 한다. 고전 수용의 연구는 기존에 창의적 예술가가 고전 문헌과 유물을 작품에서 어떻게 다루었는지를 문학, 예술 연구에서 고찰하는 작업에서 근대 사상과 문화의 새로운 영역에서 고전이 미치는 영향을 탐색하는 작업으로 옮겨가면서 앞으로 공동 연구를 진행할 만한 흥미로운 분야가 되고 있다.

수용의 정치

／

그리스, 로마 문화가 더 이상 모든 지식의 근간으로 인식 되지 않으면서부터 고전의 수용은 언제나 정치적 특성을 띠 었으며 명백하게 정치적인 사안에 관계될 때는 그 특징이 더 뚜렷하게 드러난다. 아테네 민주주의에 대한 근대의 시각 변 화를 주권, 국가와 국민의 관계, 시민권의 새로운 모형에 대 한 현대적 개념의 발전에서 분리시키기란 불가능하다. 17세 기 무분별한 군중을 통해 공포스러운 환상으로 나타났다는 시각에서부터 19세기 보편적인 참여라는 긍정적 환상으로 나타났다는 견해에 이르기까지 다양하다.

어떤 담론도 다른 것으로 대체할 수 없으며 서로 영향을 미치고 호응하기를 계속한다. 페리클레스의 국정 운영이나 클레온Cleon의 인기에 영합하는 수사에 대한 악의 없는 역사적 진술은 불가피하게 정치적 함의를 가진다. 로마처럼 전형적 제국 역할을 하는 미국의 정치 기관이 미치는 영향을 통해서나 EU 혹은 UN과 같은 신성불가침의 초국가기구와의 편리한 비교를 통해서다.

고전은 국가, 군주나 지배계층에 이롭게 활용될 수 있으며 실제로 종종 그런 일이 벌어진다. 이러한 국가, 군주, 지배계층은 필요한 지식이나 그 지식을 소화하여 적합한 형태로 제시하는 학자를 통제할 수 있으며 이를 실행할 자원도 갖추고 있다. 우리의 고전 지식이 부유층의 후원에 의존하고 있다는 사실은 종종 과소평가된다. 마찬가지로 예술, 문학, 건축, 사상에서 고전 수용에 관련된 수많은 사례는 사회 지배계층의 고전을 모방하는 취향에서 비롯된 것이다. 하지만 고대 문화와 역사에 대한 지식은 혁명적 목적에도 보탬이 된다. 칼 마르크스는 『루이 보나파르트의 브뤼메르 18일』에서 프랑스 혁명을 회고했다.

부르주아 사회가 아무리 비영웅적인 것이라 하더라도 부르주아 사회 또한 스스로를 탄생시키기 위해 어느 정도의 영웅주의와 희생과 테러, 그리고 내란과 인민들 간의 전투를 겪었다. 그리고 로마공화정의 고전적이며 엄격한 전통 안에서 부르주아 사회의 투사들은 그들의 이상과 기법과 자기기만을 발견해냈고, 이것들은 자신들의 투쟁의 내용에서 드러나는 부르주아적 한계를 은폐하고, 그들의 열정을 위대한 역사적 비극의 높은 차원에서 유지하기 위해 필요로 했다.[2]

* 칼 마르크스, 최형익 옮김, 『루이 보나파르트의 브뤼메르 18일』 비르투, 2016년

고대와의 교감은 중대한 역사적 변화가 일어날 수 있으며 상황이 언제나 지금 같지 않았다는 사실을 일깨워준다. 프랑스 혁명가들이 왕에게 감히 도전할 수 있었던 이유는 로마가 자유의 이름으로 왕정을 폐지하고 영광스러운 제국을 설립했음을 알았기 때문이다. 과거에 대한 이러한 인식은 어리석을 정도로 이상화되고 단순화될 여지가 있다. 하지만 새로운 가능성을 열고, 과거에 상황이 달랐으니 미래도 현재와

다를 수 있음을 깨닫게 하는 힘이 있다.

변화를 일으키는 고대의 잠재력을 자본주의의 전복으로 연결 지을 필요는 없다. 고전의 전례는 작지만 의미 있는 변화를 이끌어낼 수 있다. 대표적인 사례가 게이 역사에서 고대 그리스 문화가 갖는 중요성이며 존 애딩턴 시먼즈John Addington Symonds와 같은 선구자적 게이 고전학자들의 작품 등이 여기에 포함된다. 아킬레우스와 파트로클로스Patroklos, 알키비아데스Alkibiades와 소크라테스 등의 관계에서 드러나는 고전의 문화는 남성미를 찬양하고 남성의 우정과 매력에 관한 신뢰할 만한 근거로 활용되었다. 적어도 일부 저작물을 근거로 판단할 때 아테네 귀족들 사이에서 이러한 관계는 사회생활의 일부에 해당했다는 단순하고도 점차 인정받고 있는 역사적 사실을 도출할 수 있다. '그리스의 동성애' 논의가 오해의 소지가 있고 시대착오적이며 실제 그리스인들에게는 다르게 인식됐다는 근대의 학문적 주장은 핵심을 빗나갈 여지가 있다. 고대에 대한 이상화된 관념은 동성애 관계라는 개념을 정당화시키는 목적의 달성에 도움이 된다. 고대 성적 관습에 대한 모든 논의는 우리의 관습을 되돌아보게 만들고 그것이

"

고전 문화는 현재의 정치적 합의를 반추하거나 사회의 현 상태를 비판하는 데 활용되지 않더라도 정치 구조와 관계의 네트워크 안에서 수용되고 재해석되기 때문에 여전히 정치적 특성을 지닌다.

"

순전히 관습적이라는 사실을 드러내 변화 가능성을 알린다
는 점에서 불가피하게 정치적이다.

고전 문화는 현재의 정치적 합의를 반추하거나 사회의
현 상태를 비판하는 데 활용되지 않더라도 정치 구조와 관계
의 네트워크 안에서 수용되고 재해석되기 때문에 여전히 정
치적 특성을 지닌다. 고전 문화의 소유권과 고전 문화를 정
의하는 주체를 놓고 늘 갈등이 벌어졌다. 19세기 이후 고전
지식은 지배계층, 남성, 이성애자 손에 최소한 일부분이라
도 왜곡되었다. 우리는 더 이상 과거를 그들의 시각, 전개념
preconception, 기호에 따라 바라보지 않으며 그들이 자기 지위를
방어하기 위해 비판 없이 고전 지식을 활용하도록 허용할 수
없다. 하지만 우리는 어느 한 '인종'이 배타적 유산을 주장하
는 상황에서 고전고대를 자유롭게 해방시키는 투쟁은 시작
조차 하지 않았다. 초기 단계부터 그리스인과 로마인은 백인
이며 근대 유럽인과 전 세계에 퍼져 있는 유럽계 후손의 조
상이라고 간주되었다. 이는 인종의 열등성을 근거로 오늘날
그리스의 거주자들이 물려받은 유산조차 부정하는 것이다.
명백하게 타락한 아시아인이나 원시적인 아프리카인이 남긴

유산보다 우월한 것으로 여겨지는 문화유산을 보유했다는 사실은 정복과 노예제도를 정당화한다. 그리스의 영광과 로마의 장대함은 열위의 다른 문화에서 도움을 받은 결과라는 증거는 무시되거나 은밀하게 묻혔다. 고대 인물은 백인 유럽인으로 묘사되었으며 실제 지중해 세계를 특징짓는 인종 간 결혼이나 문화 교류는 고려되지 않았다.

한 미국 여성은 트위터에 터키의 고대 극장 사진을 올리면서 고전 문화가 '우리 문명'의 뿌리이며 그리스인과 로마인은 우리와 동일하다는 멘트('우리 문화가 남긴 잔재조차 이렇게 환상적이라니!')를 올렸는데 이는 배타적 소유권을 주장하는 것이다. 고대 규범에 대한 고전은 과대평가되어Dead White European Males 명저에 포함되었다(남성과 죽은 자까지는 이해하더라도 나머지 둘은 의구심을 불러일으킨다). 이는 그저 우월하다는 이유로 전적으로 옳고 적합하게 취급받는 다양한 문화의 문헌을 부인했다. 백인 후손인 우리도 마찬가지다. 인류 공동의 유산으로 취급될 수 있는 문헌과 유물은 본질적으로 백색을 통해 해석되었으며 다른 문화 전통은 이해하거나 평가하지 않은 채 열등함의 표시로 간주했다. 만약 고전이 배제의 절차와 신화 창조에 암시된 정도를 인식하지 못하면 잘못된 방식으로 현대 세계에 중요한 영향을 미칠 것이다. 문화 보수주의자의 손에 들린 무기가 되거나 다른 인종에 대한 불신과 조소의 대상이 될지 모른다.

고대의 재발견

/

앞서 살펴봤듯 단일의, 고정된 개념의 고대란 존재하지 않으며 다양한 세계, 가능성 있는 예시와 영향이 다채롭게 어우러진 만화경, 색다른 시각에서 관찰할 수 있는 여러 종류의 유물과 문헌이 존재할 뿐이다. 마찬가지로 고대 문헌과 유물은 언제나 다양한 방식으로 해석될 수 있다. 그 중 일부가 특별히 개연성을 가지고 보편적으로 수용되지만 도전받고 수정될 가능성은 언제나 존재한다. 시간이 흘러 고대가 셀 수 없이 많은 일관성 없고 모순되는 방식으로 수용된 것은 놀라운 일이 아니다. 수용의 순간, 고대는 어느 정도(때로는 상당히) 재발견된다. 수용자가 자신은 최대한 원전에 충실

한다고 생각하는 경우에도 예외는 아니다. 연구 분야에서 회자되는 클리셰인 "의미는 수용 시점에 인식된다"라는 말은 이것이 반복적으로 일어난다는 확신을 담고 있으며 학자의 역할은 재발견을 이해하고 해석하는 일이지 진실하거나 우월한 원본과 비교해 판단하는 것이 아니다.

다시 말해, 셰익스피어의 『율리우스 카이사르』가 역사적으로 얼마나 정확한지를 따지는 것은 핵심에서 벗어나는 일이다. 고전학자들은 이미 플루타르크가 왜곡한 카이사르의 일생을 셰익스피어가 어느 정도로 고쳐 썼는지에 무관심하다. 다양한 자료 사이의 관계와 상황이 수정된 방식과 이유가 연구의 중요 분야이기는 하지만 셰익스피어의 업적을 판단하는 기준은 아니다. 중요한 점은 셰익스피어가 고대 자료에 의지하고 거기에서 새로운 의미를 끌어내 카이사르와 그의 마지막 날들을 자신의 목적에 맞게 재창조했다는 사실이다. 복잡한 예술 작품은 제쳐놓더라도 여느 문헌과 마찬가지로 셰익스피어의 작품을 다양한 방식으로 읽을 수 있다. 극은 고대 역사에 대한 당대의 지식과 평가된 방식을 조명한다. 아울러 현재의 사건이나 정치적 난제에 대해 은밀하게 발언하는 데 고대 모형이 활용된 방식을 알려주며 과거와 현재에 대한 서로 다른 견해를 주제로 대화를 이끌어낸다. 후대의 재발견을 제한하는 것이 아니라 고전이 다시 활용되고 상상되는 힘과 가능성을 강조한다.

비슷한 방식으로, 동독 출신의 작가 크리스타 볼프Christa Wolf는 소설 『카산드라』에서 사회에 대해 우회적으로 발언하기 위해 호메로스의 『일리아드』와 아이스킬로스의 『아가멤논』을 빌려왔다. (포위된 트로이는 점점 편집증적으로 변해가는 경찰국가가 되며 카산드라가 자신이 처한 상황의 진실을 말하지 못하도록 침묵시킨다.) 또한 고전은 전쟁에 대한 광범위한 문제와 여성이 희생되면서도 침묵을 감내하는 방식을 다루는 수단으로도 쓰였다.

적의 오만하고 비열한 행동에 어떻게 대응할지 아는 사람은 내성에서 단 한 남자밖에 없는 것 같았다. 바로 에우멜로스였다. 에우멜로스는 나사를 더 바짝 조였다. 지금까지 왕실 사람들과 관리들의 목을 졸랐던 경계의 그물을 트로이 전역에 던져 모든 사람에게 적용했다. 내성 출입문은 날이 어두워지면 폐쇄되었다. 에우멜로스가 필요하다고 판단하면 누구나 언제든지 엄격한 소지품 검사를 받아야 했다. 조사기관은 특별한 권한을 부여받았다.

에우멜로스, 있을 수 없는 일이에요. (당연히 나는 있을 수 있는 일이란 걸 알고 있었다.) 왜죠? 에우멜로스가 얼음처럼 차가운 공손한 태도로 물었다. 그렇게 하면 그리스인들보다 우리가 상처를 입으니까요. 그 말을 다시 듣고 싶네요, 그가 말했다. 그 순간 두려움이 엄습했다. 지금도 부끄럽지만, 그때 나는 애원하듯 소리쳤다. 에우멜로스, 믿어줘요! 나는 당신들과 같은 것을 원해요.

에우멜로스는 입술을 꽉 다물었다. 나는 그를 내 편으로 만들 수 없었다. 그가 정중하게 말했다. 좋습니다. 그럼 우리 조치를 지지하시겠군요.[3]

* 크리스타 볼프, 한미희 옮김, 『카산드라』 문학동네, 2016

트로이 전설은 독자들에게 친숙하여 볼프가 카산드라의 시선을 통해, 서사시와 슈타지(구 독일 비밀경찰-역자 주) 언어의 병치를 통해 이야기를 재구성하고 사건에 대한 색다른 견

"

시간이 흘러 고대가 셀 수 없이 많은 일관성 없고
모순되는 방식으로 수용된 것은 놀라운 일이 아
니다. 수용의 순간, 고대는 어느 정도(때로는 상
당히) 재발견된다.

"

해를 제시하는 방식을 평가할 수 있다는 점에서 활용되었다. 이런 이유로 오디세이나 그리스 신화는 어느 시대에나 재구성된다. 예술가들은 원전이 갖는 탄력성과 유연성을 탐색하고 문화적 권위를 활용하며 기존의 친밀한 유대감을 이용할 수 있다. 반면 독자는 익숙함과 변형을 모두 인식할 수 있다. 또한 원전은 이 시대에 새로운 의미를 지닐 가능성을 드러내 새롭게 조명된다. 볼프는 호메로스 시에 근본적인 잔혹함과 폭력, 오늘날까지도 정당화되고 있는 남성적 폭력과 파괴의 찬양이 녹아 있다는 사실을 폭로했다. 또한 작품에 『일리아드』를 수용하여 과거에 수용된 사례와 그 영향을 돌아보고 독자가 향후 다른 시각으로 작품을 읽도록 인도한다.

근대 예술가와 사상가가 고대를 재발견할 수 있는 풍부한 자원을 가지고 있고 그러한 능력도 갖추고 있다는 점은 축하할 일이다. 하지만 고대의 유연성은 우려스러운 요인이기도 하다. 고대 문화가 활용된 다양한 방식을 관찰하면서 불편함을 느낄 수 있기 때문이다. 그러다 우리는 특정한 재발견에 거부감을 가질 수 있는데, 결과물이 마음에 들지 않는다는 이유로 '도용', '오해'라는 표현을 사용할 수 있을까?

그러한 예를 떠올리기란 어렵지 않다. 20세기 전체주의 정권은 고대의 상징, 건축, 조각을 대대적으로 활용했다. 아리스토텔레스와 기타 고전을 인용하여 노예제를 정당화시킨 사례도 있다. 대안 우파와 유럽 극우는 밈meme과 휘장에 스파르타의 상징을 활용했다. 영화 <300>(2006)에 대해서는 말을 삼갈수록 좋다는 생각이 든다. 이러한 사례가 고대를 진실되게 표현했다며 역사적 정당성을 주장한다면 우리는 (비생산적이라도) 논박할 수 있다. 하지만 고전에 대한 우리의 견해가 앞서 언급한 사례와 다르다는 사실이 우리 같은 사람들만 즐겁고 현재에 집중하는 재발견을 해낼 수 있다는 주장에 근거가 될 수 없다. 오히려 우리는 고전 문화가 다른 지식과 마찬가지로 잘못 사용될 가능성에 노출되어 있으며 고전 문화가 지속적으로 발휘하는 힘과 울림 때문에게 바로 그 잘못된 방식으로 사용될 가능성이 높음을 인정해야 한다. 우리는 정치와 도덕적 근거에서 반대할 수 있으며, 또 그렇게 해야 한다. 하지만 주장에 근거가 없음을 알면서 진실성에 대해 갑작스럽게 목소리를 높일 수 없다.

무엇보다 고전학자들은 소중히 여기는 고대 문화가 잘못

된 활용에 노출되어 있기도 하지만 그렇게 쓰일 여지를 준다는 사실을 고통스럽더라도 받아들여야 한다. 힘, 미, 순수함을 향한 나치의 숭배는 오랫동안 그리스를 이상화시킨 전통의 산물이기도 하지만 원래 그리스인들이 강인함과 권력을 숭배했다는 점도 부인할 수 없다. 고대 세계는 귀족 전사 문화가 지배했으며 전쟁과 불평등을 찬양했다. 스파르타인은 조직력이 뛰어나고 훌륭한 군사였지만 불쾌할 정도로 교양이 없었다. 로마 개선장군의 전차에는 항상 노예 한 명이 올라타 장군의 귀에 대고 그가 여전히 죽을 수밖에 없는 운명의 인간이라고 속삭였다. 그러니 우리도 보이지 않는 목소리를 통해 모든 로마 장군 뒤에, 고전 문화의 모든 성취 뒤에 매 맞고 온 힘을 빼앗긴 수많은 노예들의 시체가 놓여 있다는 사실을 기억해야 한다. 고전 예술과 문학을 향해 일어나는 심미적 반응에 영구적으로 죄의식을 느껴야 한다거나 특정 저술가에게 본능적으로 느끼는 친밀함과 사귐을 불신해야 한다는 의미는 아니다. 하지만 이러한 반응이 수백 년 이어진 고전 전통으로 인해 어느 정도 익숙해졌는지, 고대 세계의 불편한 면모를 살피려는 의지를 어느 정도 가지고 있는지 인식할 필요가 있다.

현재를 이해하고 지금도 살아 숨 쉬는 그리스, 로마의 여러 흔적을 이해하려면 고전학자들이 그 이해를 도와주고, 고대가 수용되며 재발견된 방식을 해석해줘야 한다. 훗날의 올림보다는 고대에 온전히 몰두한 고전학자를 포함한 모든 고전학자는 수용의 역사와 고전의 이해에 미친 영향에 관심을 기울여야 한다. 과거의 고전은 절대로 현재의 피난처가 될 수 없으며 언제나 흔적을 남긴다.

CLASSICS

미래의 예상

유용한 지식

/

고전학자는 과거를 그 자체로 목적 삼아 연구할 수도 있고, 현재의 중요한 측면을 이해하는 수단으로 연구할 수도 있다. 고전 세계가 중요한 영향을 미쳤다는 점을 인정하기 위해 특별하고 본질적인 가치 혹은 중요성을 지닌다고 주장할 필요는 없다. 앞선 세대가 고전 세계나 혹은 그 세계의 일부 측면이 서양의 전통 안에서 특별한 본질적 가치를 지녔다고 생각했더라도 말이다. 이러한 주장은 고전이 계속 중요성을 지니는 이유를 설명한다.

하지만 전 세계에 임박한 재앙에서 인류를 구하고 경제적 성과가 이어지도록 담보할 과학자와 공학자의 연구가 절실한 마당에 사치를 부릴 여유가 없다며 인문학의 비평을 침묵시킬 수 있는지는 미결 문제다. 많은 고전 저술과 예술 작품에는 부인할 수 없는 아름다움, 힘, 매력이 존재하지만 보기에만 좋아봐야 소용이 없다. 물론 우리는 고전 연구를 발전시킬 수 있는 여러 기술을 사례로 제시할 수 있다. 여기에는 연구, 분석, 해석, 불확실성과 모호함의 처리, 이 모두를 다양한 형태를 통해 정돈된 주장으로 제시하는 능력이 포함된다.

학생들이 고전 과목을 통해 남다른 전문성을 갖추지 못할 가능성도 있다. 하지만 애초에 STEM(과학·기술·공학·수학) 과정을 포기하고 남아 있던 선택사항을 고전이 없애는 경우는 없다. 자동화의 확산 위협으로 그 어느 때보다도 미래가 불확실한 상황에서는 10년 안에 로봇과 인공지능에게 빼앗기게 될 일자리에 적합한 기술보다는 일반적인 분석 능력, 유연한 미래 예측의 능력이 필요하다. 이때 문제는 다른 인문학과 사회과학 학문에서도 그런 기술을 발전시킬 수 있으며 어쩌면 현 시대와 더 큰 연관성을 가질 수 있다는 점이다. 설사 고전이 다른 인문학 과목과 비교해 장식용 사치에 불과하지 않음을 입증하더라도 고전이 불확실한 정치 어젠다, 사회적 분열을 지지해온 오랜 전통을 보상하기 위해 보다 적극적인 정당화가 필요하다는 주장도 나올 수 있다.

고전고대 연구의 유용성을 입증할 수 있는 강력한 증거가 있는가? 적어도 고대 그리스인들은 그런 주장을 하려는 최초의 결연한 시도를 했는데, 예를 들어 투키디데스는 단순한 사실보다 자신의 글을 통해 더 많은 가르침을 얻을 것이라며 독자들을 설득했다.

내 글에 우화적인 요소가 없어 듣기가 편하지만은 않을 수 있다. 하지만 과거에 어떤 일이 일어났는지, 인간의 본성을 고려했을 때 향후 동일한 방식으로 다시 그런 일이 발생한다면 무엇을 기대할 수 있는지 명확한 견해를 갖기 원하는 사람들이 내 글을 읽고 유용하다고 판단한다면 목적은 충분히 달성된 것이다. 글은 일시적인 성과를 내기 위해서가 아니라 모든 시대에 두루 읽힐 수 있도록 기록되었다.[1]

투키디데스는 단순히 즐길 거리를 찾고 있거나 기존 시

각을 확인할 목적이라면 자신의 글을 읽으려 시도해서는 안된다며 잠재 독자들에게 도전한다. 독서가 유쾌한 경험을 보장하지는 않더라도 선택받은 소수에 해당하는 당신, 곧 친애하는 독자는 글이 갖는 고유의 특성을 알아볼 것이며 미처 이를 알아보지 못한 다른 사람들에게 우월감을 느낄 것이라고 그는 자신한다. 과거에 발생한 사건을 통해 우리는 진실하고 믿을 만한 지식을 얻을 뿐만 아니라 현재와 미래를 이해하는 데 도움을 얻을 수 있다.

바로 이러한 맥락에서 사람들은 전통적으로 투키디데스의 글을 읽었던 것이다. 모든 시대의 역사학자들은 투키디데스의 주장을 역사기록학 일반까지 확대 적용했다. "역사를 잊은 자는 과오를 반복하게 된다"라는 미국 철학자 조지 산타야나George Santayana의 주장이 그 예다. 또한 역사학자들은 과거를 아는 지식이 어떻게 유용한지 설명할 필요 없이 학문을 정당화시키는 근거로 투키디데스의 글을 제시했다. 자세하게 살펴보자면, 앞서 언급했듯 투키디데스는 정치학과 국제관계 이론에서 선구자로 인식되었다. 그는 사건에 대한 기본적 자료를 근거로 정치와 국제관계의 일반론을 발전시켰으

"

과거에 발생한 사건을 통해 우리는 진실하고 믿을 만한 지식을 얻을 뿐만 아니라 현재와 미래를 이해하는 데 도움을 얻을 수 있다.

"

며 이는 다시 미래의 발전을 예측하는 데 활용되었다.

지난 수년 동안 미국과 중국의 관계를 다루는 대다수의 논쟁에 '투키디데스의 함정'이 빠지지 않고 등장했다. 원래는 펠로폰네소스 전쟁의 기원을 설명하면서 언급된 이론으로, "아테네가 부상하자 스파르타에서 두려움이 일어나 결국 전쟁을 피할 수 없었다"는 내용이다. 투키디데스의 함정은 역사를 초월한 원리로 이해되고 있으며 오늘날에는 기존의 패권국인 미국과 굴기하는 중국 사이에 조성된 긴장이 사람들의 생각보다 쉽게 갈등으로 이어질 수 있음을 시사한다. W. H. 오든은 2차 세계대전이 발발하자 "추방당한 투키디데스는 알고 있었다"라고 발언했으며 수많은 독자들은 투키디데스의 주장이 이 시대에도 여전히 통찰력을 갖는다는 것을 인정했다.[2]

사회과학자로서 투키디데스를 해석할 경우 투키디데스가 실제로 의미한 바가 맞는지 여부를 따지는 고전학자들의 문헌학 연구가 무시되는 경향이 있다. 오늘날 벌어지는 토론에서 여전히 고전 저자들이 중요한 의미를 지니더라도 굳이 고전학자를 필요로 하지 않음은 경고 신호다. 혹은 고전 문화가 지금까지 권위를 지닌다는 점을 들어 고대 지식을 현재로 불러오는 가능성의 표시로 받아들일 수도 있다. 나아가 유사한 통찰력을 제시하기 위해 사회에 대한 철학자들과 다른 역사학자들의 일반적 이론 등 고대의 다른 저자들이 남긴 발언을 떠올릴 수 있다. 사실 '타키투스의 함정(지배자와 정부가 대중에게 완전히 신뢰를 잃게 되는 티핑 포인트tipping point가 있다는 주장)'이라는 개념은 이미 중국에서도 발전되었다.

과거를 통해 배우려는 모든 시도의 기저에는 연속성에 대한 가정이 깔려 있다. 과거를 토대로 미래에 대한 예언을 발전시킬 수 있을 정도로 사건과 상황이 유사하다고 가정할 근거가 필요하다. 투키디데스는 그러한 규칙성을 밝히는 시도를 시작한 인물이며 변함없는 '인간 본성' 또는 '인간 조건' 측면에서 규명했다. 그의 기록을 통해 우리는 국가의 행위(공포, 흥미, 명예라는 세 가지 요소에 지배됨), 국제 체제의 속성(저 유명한 멜로스 회담의 '강대국은 할 수 있는 바를 하며 약소국은 감내해야 하는 바를 견딘다'는 발언), 갈등의 기원에서 일관된 경향을 발견할 수 있다. 종종 그렇듯 이러한 원칙은 이미 현실주의자들이 국제관계에서 조명했다.

인문주의자들은 과거를 연구할 때 차이와 특수성, 상이한 역사 문맥이 다양하게 변화하는 방식을 강조하는 경향이 있다. 우리는 보편적인 원칙과 연속성에 대한 주장을 회의적으로 바라보는데, 과거를 구체적으로 연구한 결과 그러한 가정에 의문을 품을 수밖에 없기 때문이다. 우리는 투키디데스가 과거에 대해 객관적 현실이 아닌 하나의 해석을 제공했을 뿐이며 다른 해석도 얼마든지 가능하다는 것을 안다. 과거는 근대 이론으로 측정되는 객관적 데이터 집합이 아니라 우리가 무엇을 찾느냐에 따라 잠재적인 비유와 사례를 무한하게 제공하는 창고다. 고전학자들은 차이에 대한 고질적인 집착과 일반화에 대한 적대감을 억제하는 노력을 기울일 수 있지만 어디까지나 과거가 현재의 흐릿한 복제가 되기 전에나 그렇다. 투키디데스를 사회과학자로 여기고 그의 작품을 읽을 수 있지만 우리 고전학자들은 그가 주장했다는 원칙의 대다수가 사실은 그의 기술에 등장하는 인물들의 입에서 나왔으며, 그 자신의 견해로 볼 수 없다는 점을 지적해야 한다. 근대 토론에서 투키디데스의 명성은 심지어 백악관에서도 언급될 정도로 대단하다. 이는 고전이 실제로 유용하다는 주장의 확고한 근거라기보다는 수용의 또 다른 사례다. 투키디데스가 당대보다 오늘날 더 유행한다는 사실은 언덕으로 내달리거나 벙커를 파야 할 징후일지도 모른다. 하지만 대부분은 과거에서 보편적 원칙을 이끌어내는 행위, 자기 주장을 지지하기 위해 고전의 권위를 언급하는 이유에 회의주의를 드러내는 근거가 된다.

우리가 알고 있듯 세상의 종말이다…

/

에드워드 기번Edward Gibbon은 1776년에 펴낸 대작 『로마제국쇠망사』를 변화와 쇠퇴에 대한 복잡한 감상으로 마무리했다. 그는 15세기 인문주의자 포지오와 친구를 등장시키는데 두 사람은 카피톨리노 언덕에 올라 로마를 바라본다.

이 장소와 그 광경은, 대저 인간과 그 인간이 가장 자랑차게 여기는 건조물들을 뭉텅이로 삼키듯이, 여러 제국들과 도시들을 하나의 공통된 무덤 속에 묻어버리게 하는, 그런 유인전변하는 운명의 당연한 도덕적 배출구로 유도하는 것이었는 바, 실제 문제로서 로마의 멸망은 그 옛날의 위대성에 비례하여 한층 더

장엄하고도 비극적임을 두 사람은 한결같이 인정하였다.

포지오는 과거와 현재가 얼마나 극적으로 대비되는지 지적한다.

우리가 이렇게 앉아 있는 이 카피톨리노 언덕은, 그 옛날에는 로마제국의 수도이며 지구의 성채이고, 모든 나라 제왕들의 외포의 대상이었으며, 수없이 반복된 개선식 참가 병사들의 발자국이 새겨지면서, 무수한 국민들로부터 획득한 전리품과 공납품으로 장식되었었다. 이 세계적인 위관 그런 곳이 이 얼마나 쇠미하고 변모한 모습인고! 이 무슨 파괴란 말인가! 일찍이 전승자들의 행렬이 지나가던 가도는 이제 포도넝쿨로 뒤덮이고, 원로원 의원들이 앉았던 벤치들은 오물이 끼얹어져 있다.

* 에드워드 기번, 김영진 옮김, 『로마제국쇠망사』 대광서림, 1994년

세속의 권력과 고전 문명의 영광이 다 무엇인지! 기번은 로마의 위대한 건축물이 약탈당한 원인을 다음과 같이 요약한다. "1. 시간현상의 자연소멸, 2. 야만족과 그리스도교도들

의 공격, 3. 자원 남용과 약탈파괴, 4. 로마인에 의해 파괴되는 로마."[3] 그는 4번을 특히 강조하면서 자신이 카피톨리노 언덕에서 발견한 잔해에 대해 깊이 생각하다가 역사를 기술하기 시작했다고 소개했다. 그곳에서 기번은 인류 역사상 가장 위대하면서도 끔찍한 장면을 보았던 것이다.

고전고대의 잔해는 종종 우리가 속한 사회의 미래를 상상하도록 이끈다. 아무리 위대하고 영원한 듯해도 결국 모든 것은 사라지며 현재는 역사의 뒤안길로 사라진다. 1784년 볼네Volney 백작도 고대의 잔해를 연구하면서 혼잣말을 한다.

이것이 언젠가 우리나라가 버려진 모습일지 누가 아는가? 지금은 기쁨이 소용돌이치는 센 강, 템스 강, 조이데르 해의 기슭에 여러 감정을 담아낼 수 없는 마음과 눈길이 머물지 누가 아는가? 나 같은 여행자가 언젠가 고요한 유적지가 아니라 사람들의 유골과 위대함에 대한 기억의 잔해에서 외로이 울고 있을지 누가 아는가?[4]

즐거운 기억에서 한 걸음만 더 나아가면 고대 역사는 우리에게 근대 문명이 영원히 지속되지 않는다는 단편적인 생각 외에 그 쇠망에 대해 구체적으로 들려줄 수 있을지 의문이 들게 한다. 우리는 기존의 연속성과 보편적 원칙이 아니라 변화의 흐름과 발전의 동력을 이해하려는 차원에서 과거를 연구할 수도 있다. 만약 역사가 순환하여 다양한 사회가 동일한 성장, 성숙, 멸망의 단계를 거친다면 우리는 순환에서 어디에 위치해 있는지 파악하고 미래를 예측할 수 있을 것이다.

로마는 가장 유용한 사례 혹은 가장 일반적으로 활용되는 사례를 제공한다. 남아 있는 자료로 판단하건대, 로마인들은 로마가 영구적으로 멸망의 길을 걷고 있다고 생각하고 안타깝게도 영광스러웠던 선조보다 못하다고 느꼈던 듯하다. 역사학자 살루스티우스는 로마 공화국은 부와 사치 때문에 부패하여 멸망했다고 주장했는데 이는 17세기 이후 정치 논쟁에서 반복적으로 논의된 주제였다. 그러다 18세기에 애덤 스미스 등의 저술가들은 독자들에게 평범한 사람에게도 물질적 풍요는 도덕적으로 중립적 의미를 지닌다는 확신을 심어줬다.

"

고전고대의 잔해는 종종 우리가 속한 사회의 미래를 상상하도록 이끈다. 아무리 위대하고 영원한 듯해도 결국 모든 것은 사라지며 현재는 역사의 뒤안길로 사라진다.

"

시민정신의 훼손과 인기에 영합하는 독재자의 부상이 자유를 종식시킬 수 있다는 공화국의 우려는 21세기에도 반복되었다. 최근에는 푸틴, 에르도안, 트럼프와 같은 인물들이 위세를 떨치면서 우려가 더 커졌다. 공화국의 타락에 대한 아우구스투스의 주장은 여성의 과도한 자유, 전통적 가정의 몰락, 종교의 쇠퇴, 실업률의 상승과 과소비로 요약된다. 벨기에의 고대 역사학자 데이비드 엔젤스David Engels는 이를 근거로 유럽에 전쟁이 임박했을지 모르며 인기를 누리는 새로운 독재자가 부상하면서 20~30년 간격으로 전쟁이 이어질 수 있다고 주장했다.[5]

하지만 『쇠락과 타락』의 위대한 내러티브는 우리 운명에 대한 핵심을 알려주는 데 있다고 보통 간주된다. 예언자가 되려는 자들의 문제는 현상에 여러 설명이 존재하며 선택된 이야기가 시간이 가면서 급격히 변했다는 데 있다. 에드워드 기번의 경우 종교와 야만을 가장 큰 문제로 꼽고, 계몽의 가치가 미래를 위한 최선의 희망이라고 은밀히 주장했다. 1차 세계대전에서 독일과 오스트리아에 맞선 프랑스와 이탈리아는 선전을 통해 문명을 위협하는 흉포한 야만인 이미지

SOTTOSCRIVETE AL PRESTITO

<그림 3> 이탈리아의 1차 세계대전 선전 포스터. 여신 이탈리아가 침략하는 야만인에 맞서는 모습

를 활용했다(그림 3). 미하일 로스토프체프Michael Rostovtzeff는 러시아 혁명을 피해 망명한 저명한 고대 역사학자로, 고전 문명의 정수가 도시의 교육받은 중산층에 있다고 생각했다. (과거 로마가 그랬듯) 근대 문명이 농촌의 대중에게 확산되지 않으면 운을 다할 수 있으며, 아니면 그러한 문명은 확산의 결과로 품격이 저하될 수 있다고 우려했다.

20세기 초반 고대 역사 분야에서 기억해야 할 중요한 이름은 테니 프랭크Tenny Frank다. 미국인인 프랭크는 로마 사회에 미친 '혼혈'의 파괴적 영향을 설명하고 다른 인종 간 출산과 외국인 간 출산에 대해 두려움과 분명하면서도 무비판적인 유사점을 끌어냈다. 근대 선동가들은 이민과 외국의 관습이 '순수한' 유럽 문화를 희석시키거나 압도할 수 있다고 주장하거나 이들이 폭력을 통해 권력을 장악할 가능성을 제시했다. 더불어 서구 사회의 타락을 비난하며 위협을 부정하여 쇠락을 막아내지 못하도록 만들었다. 그들은 스스로를 '서양 문명'의 진정한 수호자로 내세우고 고전의 이미지를 활용했는데 때로는 색다른 형태를 취했다(그림 4).

미국의 저술가 모리스 버먼Morris Berman은 불평등으로 인

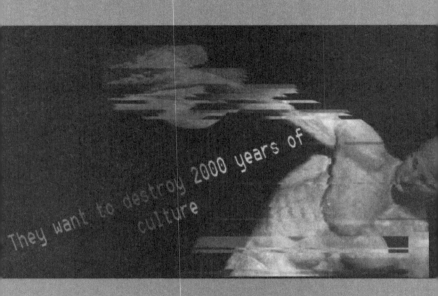

<그림 4> 대안 우파의 이미지 '파시웨이브(fashwave)'의 사례. 미래의 파시스트 사회를 위한 고대의 선행인가?

한 서양 문화의 저하, 문해율 하락, 냉소주의, 무관심, 정치적 부패, 문화적 타락을 우려하며 수도원과 같은 기관의 설립을 제안했다. 지식이 보존되고 궁지에 몰린 엘리트가 새로운 암흑시대를 피할 수 있는 장소였다. 하지만 9.11 이후 많은 이들처럼 버먼도 '문 앞의 야만인들'에게 관심을 돌렸다.[6] 대개 비교는 외국인 반대자와 이슬람 반대 수사에 대한 위장으로 활용된다. "우리는 편견을 가지고 있지 않다. 저들은 우리 문명 전체에 위협이다! 로마를 기억하라!" 이러한 비교는 완전히 터무니없지 않다면 진부한 경우가 많다. 연관성 없는 사례를 쌓아놓고 유사성을 강조한다. (예를 들어, 침략하는 야만족이 로마의 훌륭한 도로망을 이용했듯 9.11 테러리스트도 미국의 항공사, 은행 시스템, 인터넷을 활용했다는 주장이다.) 과거와 현재 사이에 존재하는 분명한 차이점은 여러 이유에서 무시된다. 로마 제국을 구체적이고 전문적으로 연구한다고 해서 현재와 미래의 상황에 대한 이해를 높일 수는 없다. 그저 이러한 비교가 효용이 있는지 의문을 제기할 수 있을 뿐이다.

종말론적 시각에 우리는 어떤 조치를 취할 수 있고, 취해야만 하는가? 우리는 로마가 현재에 대해 발언하기 위해 과거에 대해 발언한 방식, 과거에 대한 의견이 현재의 조치를 형성한 방식을 발견할 수 있다. 우리는 근대의 쇠망 관련 내러티브를 유사한 맥락에서 탐색하고 로마의 선례와 이후 시대에 제시된 해석과 비교할 수 있다. 예를 들어, 이러한 이야기는 심리적 필요를 충족시킨다. 사람들은 '역사' 덕분에 불확실성에 빠지지 않으며 자신이 죽을 운명임을 안다. 이러한 내러티브가 특정한 위협을 도드라지게 강조하는 방식은 가히 충격적이다. 기후변화와 환경파괴로 로마제국에 위기가 커지고 특히 유라시아 전역에서 대중의 저항으로 이어졌다는 증거가 상당하다. 그러나 이는 오늘날의 기후변화를 해결하기 위한 긴급한 조치를 요구하는 근거로 활용되지 않았다. 대신 ('로마 온난화'를 포함한) 환경 관련 역사적 증거는 지구의 기온변화가 자연스러운 현상이며 우려할 필요가 없음을 증명하는 근거로 활용될 수도 있다.

국경 너머에서 폭도들이 몰려든다는 이야기는 흔한데 우리가 조치를 취하지 않고 관용을 베풀 때의 결과를 역사를 통해 안다는 근거는 경찰이 이민자를 더 억압적으로 다뤄야 한다는 의견을 모으는 데 활용된다. 고전 연구의 주된 역할은 그런 이야기를 탐닉하는 것이 아니라 문제를 제기하는 것이다. 사실로 돌아가고 과거에 대한 우리 지식의 불확실성과 세계의 복잡성을 다시 강조하는 것이다. 물론 후자처럼 지지되지 않는 선 이상으로 나아가기를 거부하는 학자들의 조심성은 논객이나 선동가의 주장과 비교해 항상 빈약해 보인다. 하지만 우리는 신념을 가지고 역사적 주장을 펼치지 않는 사람들을 설득하는 작업은 하지 않을 것이다. 우리의 독자에겐 그러한 이념적 의지가 없지만 과거에서 얻은 교훈을 바탕으로 확신에 찬 주장을 접하면 흔들리기도 하며 한편으로는 해당 주제에 전문성을 갖춘 사람들의 의견에 귀를 기울인다.

인간적인 것

/

투키디데스가 자신의 글에서 '인간 조건'을 언급했을 때 의미한 바는 여러 가지다. 사람들은 자기가 처한 상황을 제대로 판단하지 못하고, 의사 결정에 취약하며, 과도하게 낙관적이거나 회의적으로 흐르는 경향이 있고, 과열과 공포로 치달으며, 수사를 조작할 가능성이 높다. 다시 말해, 그는 복잡하고 예측 불가능한 세계를 단순한 규칙과 원칙으로 만들려는 시도를 경계한다. 앞으로 일어날 일에 대해 '역사를 근거'로 자신에 찬 예측을 통해 의사 결정을 내리는 것은 말할 것도 없다.

투키디데스는 우리 지식의 한계와 모든 상황에 내재된 불확실성을 강조한다. 긍정적으로 보였던 사실이 어느 순간 다른 모습으로 드러날 수도 있다. 과거가 얼마나 복잡하고 예측 불가능했는지에 대한 연구를 기반으로 '실제로는 훨씬 복잡했다'고 늘 외치는 인문학자들은 현재에 대한 유용한 안내를 제공하지 못하도록 가로막는 문제가 아니라 논의에 기여하는 자들이다.

고전학자들은 이론의 생산자가 아니라 소비자라는 주장이 종종 제기된다. 그들은 목적에 유용해 보이는 다른 학문에서 아이디어를 얻어 온다. 하지만 모든 이에게 유용해 보이는 일을 하지는 못한다. 다른 측면에서 이를 바라볼 수도 있다. 우리는 다른 학문에서 세상을 설명하는 신뢰할 만한 주장이나 측면을 빌려와 파괴의 지점까지 테스트한다. 우리는 인간 사회가 서로 이질적이라는 사실을 알기에 보편적인 원칙에 맞선다. 우리는 근대 사회의 구체적인 분야를 설명하기 위해 발전된 이론에 경쟁할 만한 이론을 덧붙이고 경제, 사회, 문화, 정치 등 사이에 존재하는 인위적 경계를 허문다. 우리는 세계가 복잡하고 다면적이라는 사실을 끊임없이 상기시킨다.

　근대의 사회과학자뿐 아니라 플라톤을 포함한 모든 인간
은 특정 측면을 따로 분리시키고 분석을 위해 복잡성을 무
시하여 강력한 통찰력을 제공할 수 있다. 하지만 그러한 통
찰력은 부분적이고 한계가 자명하며 세계가 그 통찰력에 순
응해야 한다고 가정하는 순간 위험하게 호도할 여지가 있다.
고전고대의 연구는 예측 가능하면서도 예측 불가능한 인류
와 동일한 방식으로 인간에 대한 지식과 이해를 넓힌다.

　또한 과거에서 특정 경향을 확인할 수 있다. 인간은 특정
상황, 다른 맥락에서 유사한 문제가 반복될 때 비슷한 방식
으로 반응할 때가 많다. 반대로, 겉으로는 유사해 보이는 상
황에 다르게 반응할 수도 있다. 과거 인간의 경험은 현재와
미래의 인간이 무엇을 해야 하는지 신뢰할 수 있는 조언을
들려줄 수 없다. 하지만 인간이 취해야 할 조치를 다른 학문
에서 과도한 자신감을 가지고 주장할 때 교정물을 제공해줄
수 있다. 이는 예방 차원의 원칙이며 단순화된 가정을 경계
하는 태도다. 우리는 여러 중요한 측면에서 현재가 (과거의 고
전은 물론이고) 과거와 다르며 이에 따라 상황이 다르다는 점

"

과거 인간의 경험은 현재와 미래의 인간이 무엇
을 해야 하는지 신뢰할 수 있는 조언을 들려줄 수
없다. 하지만 인간이 취해야 할 조치를 다른 학문
에서 과도한 자신감을 가지고 주장할 때 교정물
을 제공해줄 수 있다.

"

을 알고 있다.

동시에 과거의 경험에 의지하여 가능성에 대한 감각을 키울 수 있다. 고대 사회는 고도로 복잡하고 정교했다는 것이 분명하기에 오늘날의 승리주의를 경계한다. 또한 지나간 과거를 이상화시키기 위해 과거의 위대함과 오늘날의 타락에 대한 이야기를 들려주고픈 유혹을 경계한다. 무엇보다 고전고대의 연구와 섬세한 논평가의 저작물은 관점의 중요성과 문화적 필터의 역할, 의사 결정에서의 가정을 강조한다. 호메로스나 투키디데스, 플라톤, 키케로나 기타 고대 저자들의 글이 답을 주지는 않지만 질문을 하고 불확실성을 인정할 필요가 있음을 알려준다.

이와 같은 관점은 현재와 미래에 일어날 대화에 활용할 만한 글과 사례를 풍부하게 제공해준다. 사회와 정치 조직의 원리나 분명한 예측을 제시하는 근대 사회과학적 관점이 아니라 인간이란 무엇인지를 알려주는 관점이다. 이상화된 인간이나 초인과 같은 고정불변의 단일 인간 유형이 아닌 강점, 약점, 창의성, 갈등의 모든 범위를 아우르는 관점이다. 그리스 비극은 이를 탁월하게 수행했으며 호메로스와 베르길리우스의 작품, 플라톤, 아리스토텔레스, 세네카, 아우구스티누스의 사변, 역사학자들이 설명한 사건, 그래피티와 일상의 단순한 사물에 새겨진 평범한 인생들에 대한 기록도 마찬가지다.

지나간 미래

/

고전은 미래에 대한 예언이나 예측을 제공하지 않는다. 하지만 고전의 기여는 과신과 오만의 위험에 대해 무익하게 경고하는 카산드라의 역할에 국한되지 않는다. 미래에 대해 생산적으로 사고하는 시도에는 미래 예측과 더불어(과거의 경험을 비춰봤을 때 미래를 예측하려는 시도는 무익한 행위일 뿐이다) 우리가 실제로 어떤 미래를 원하는지 구상하는 일도 포함된다. 우리의 운명이 이미 정해지지 않았다면 특정 지점에 도달할 수 있는 여지가 충분하다. 과거는 우리에게 인생에 다른 방법도 존재하며 선택은 우리가 내린다는 사실을 확인시켜준다.

이는 근대성의 저하와 비하에서 대척점에 있는 고대 세계를 이상화하고 오랜 전통을 부활시켜야 한다는 주장과 다르다. 이런 추측이 생산적인지 여부는 고대 관습의 한계와 매력 요인에 대한 명확한 아이디어를 가지고 있는지에 달려 있다. 고대는 우리가 맹종하며 따라야 할 모형이 아니다. 그러나 우리는 미래에 다시 만들고 싶은 요소를 나타내는 측면을 확인할 수 있다. 또한 고대의 지식을 활용해 보다 신중하게 생각할 수 있다.

　분명한 예로 민주주의를 들 수 있다. 우리는 정치 체제에 아테네인과 동일한 이름을 사용하지만 양자의 차이는 막대하며 분명하다. 의견이 엇갈리는 양자가 격론을 벌이는 전통은 우리 제도가 진정한 민주주의가 아님을 암시한다. 양극화된 정치인들을 투표를 거쳐 임시로 추방하는 아테네의 패각 추방 관습을 부활하면 얼마나 환상적일까? (종종 끌리는 아이디어다.) 하지만 차이와 기저의 대의를 이해하기 위한 생산적인 전통도 있다. 그리스 도시국가와 같은 면대면 사회가 아닌 수백만이 소속된 정치 공동체에 살아가는 환경에서 각자에게 정치적 역할을 부여하는 것이 곧 대의민주제의 현실적

해결책일까? 오늘날의 기술 발전으로 모든 사안에 직접 투표하는 일이 이론적으로 가능하다고 해보자. 아테네에서 벌어진 결과와 플라톤, 투키디데스, 아리스토파네스와 같은 당대 저자들의 여러 비판을 고려했을 때 우리는 이 방안을 적극적으로 추구해야 할까? 아테네의 참여민주주의는 노예제에 의존했다는 주장이 있고, 그것이 사실이라면 우리는 이미 극복한 문제일까? 페리클레스의 추도연설에 묘사된 애국자들로 구성된 문화적으로 동질적인 공동체의 이미지는 우리가 추구할 목적일까? 아니면 순응과 수사의 조작이 일어나는 악몽일까?

미래에 대해 생각하는 것은 단순히 목표, 가능한 목적지를 상상하는 문제에 그치지 않는다. 과거는 악몽의 이미지를 제공하여 우리가 무엇을 피하고 싶은지를 깨닫게 한다. 투키디데스가 남긴 큰 영향은 사회 연대와 문화 규범을 구분한 것이다. 고전 문학의 모든 영역에서는 독재자와 이기적 지배계층의 권력 남용 문제라는 주제가 반복된다. 고대 사회가 노예뿐 아니라 여성, 대중을 포함한 인간의 착취, 비하에 의존한 정도는 근대가 이룬 진보에 만족하는 근거가 될 수 없

"

미래에 대해 생각하는 것은 단순히 목표, 가능한 목적지를 상상하는 문제에 그치지 않는다. 과거는 악몽의 이미지를 제공하여 우리가 무엇을 피하고 싶은지를 깨닫게 한다.

"

다. 그러한 착취와 비하를 중단시키려는 징후나 생각이 발견되지 않기 때문에 과거의 사회로 돌아갈 수 있다는 경고로 들어야 한다. 우리는 살고 싶지 않은 미래가 펼쳐질 가능성을 고려해야 한다. (피터 프레이저Peter Fraser의 『네 가지 미래Four Futures』에 나타난 미래를 떠올려보라.) 고대는 그러한 추정의 근거로 설득력 있는 가능성을 폭넓게 제공한다.

　고대 문학은 현대에 대한 견해를 밝히고 가능한 미래를 형성하기 위한 수단으로서 다른 세계를 상상하는 시도로 가득 차 있다. 루치아누스Lucianus는 달여행을 설명했으며 아리스토파네스는 여성이 다스리는 아테네, 혹은 가난이 사라진 세계 등 온갖 환상적인 시나리오를 구상했다. 웃음을 선사하려는 의도도 있었지만 현재의 조건을 변화시켰을 때 나타나는 결과와 영향을 탐색하려는 시도였다. 플라톤은 정의나 공동체의 본질에 대한 질문을 통해 사고하여 논리적인 결론에 이르는 수단으로 가상의 유토피아인 '공화국'을 그렸다. 『공화국』은 인류 최초의 공상과학 작품으로 볼 수 있으며 조 월튼Jo Walton은 소설 『테살리아』에서 플라톤의 아이디어를 발전시켰다. 플라톤의 비전에 의견을 제시하고 진정으로 선한 정치

공동체란 무엇인가에 대한 추가적 질문을 탐색하기 위해 실제로 구현한 플라톤의 도시를 묘사한다. 고전고대와 소통하는 이와 같은 색다른 방식은 우리가 미래를 상상하고 준비할 수 있도록 돕는다. 고전은 유물뿐만 아니라 형태와 방식에 대한 새로운 아이디어도 제공한다. 분석적 논문과 추상적 이론을 통해서뿐만 아니라 극, 희극, 예술, 행위를 통해서도 세계를 사고할 수 있도록 돕는다. 고전은 우리의 자원과 가능성을 확장하고 이 시대와 기본적인 가정을 조망할 훌륭한 위치를 제공한다. 고전은 인류가 물려받은 유산의 일부이면서도 인간의 의미, 우리가 된다는 것에 대한 전부를 질문하도록 이끈다. 프리드리히 니체의 말로 끝맺음을 하고자 한다.

고전 연구가 우리 시대에 어떤 의미를 갖는지 모르기에, 혹은 어떤 시기에든 우리 시대와 비교해, 우리 시대에 대해 일어나는 작업을 모르기에 다가올 시대의 유익을 기대해보자.[7]

주

1장 고전이 마주친 문제

1. Friedrich Schiller, 'Die Gotter Griechenlands' [1788], lines 17–20, in 『Gedichte 1776–1799: Schillers Werke Nationalausgabe』, Vol. I, ed. J. Petersen & F. Beissner (Weimar, 1943), p.190. trans. Neville Morley.

2. Karl Marx, 『Grundrisse』, [1857–8], trans. Martin Nicolaus (Harmondsworth, 1973).

3. Kate Tempest, 『Brand New Ancients』 (London, 2013), pp.3–4.

4. James Joyce, 『Ulysses』, episode 12, known as 'Cyclops' (Paris, 1922), p.286.

5. John Keats, 'On First Looking into Chapman's Homer' [1816], in 『The Complete Poems』 (Harmondsworth, 1973), p.72.

6. G. W. F. Hegel, 'On Classical Studies' [1809], trans. Richard Kroner, in 『Early Theological Writings』 (Philadelphia, 1975), p.324.

7. Ibid., pp.324–5.

8. 「Down With Skool!」 [1953], in Geoffrey Willans & Ronald Searle, 「Molesworth」 (Harmondsworth, 1999), p.39.

9. Friedrich Nietzsche, 'Wir Philologen' [1875], in 「Werke」, Vol. 4.1 (Berlin, 1967). Translation of parts of the essay at https://archive.org/stream/wephilologists18267gut/18267.txt.

10. George Eliot, 「Middlemarch」 [1871–] (Oxford, 1998), pp.16–17.

11. Ibid., p.17.

12. W. B. Yeats, 'The Scholars' [1914/15], in 「Collected Poems」 (London, 1950), p.158.

13. Wilfred Owen, 'Dulce et Decorum est' [1917], in 「Poems」 (London, 1921), p.15.

14. Derek Walcott, 「Omeros」, Chapter XL.1.i (London, 1990), p.206.

15. James Hilton, 「Goodbye, Mr Chips」 (London, 1934), pp.19–20.

16. The contemporary examples cited here are, respectively: Boris Johnson: see, for instance, Charlotte Higgins, 'A Classic Toff', 《Guardian》, 6 June 2008 (https://www.theguardian.com/commentisfree/2008/jun/06/classics.boris); Jacob Rees-Mogg (@Jacob_Rees_Mogg): https://twitter.com/Jacob_Rees_Mogg/status/886208542667046912; James Delingpole, 'For a Real Oxbridge Education, You Now Have to Go to Durham', 《The Spectator》, 25

March 2017 (https://www.spectator.co.uk/2017/03/for-a-real-oxbr
idge-education-you-now-have-to-go-to-durham/).

17. Donna Tartt, 「The Secret History」 (Harmondsworth, 1992), p.34.

18. Ibid., p.604.

19. Tony Harrison, 'Classics Society' [1978], in 「Selected Poems」, 2nd edn
    (Harmondsworth, 1987), p.120.

20. Louis Stuart, 'Men Must be Educated in the Classics if They Wish
    to Regain Masculine Fortitude', Return of Kings.com, 8 July 2017
    (http://www.returnofkings.com/125103/men-must-be-educated-in-
    theclassics-if-they-wish-to-regain-masculine-fortitude).

2장 과거의 추적

1. On the debate about the presence of 'Africans' in Roman Britain and
   the uses of genetic evidence, see articles by Caitlin Green ('A Note on
   the Evidence for African Migrants in Britain from the Bronze Age to the
   Medieval Period', 23 May 2016: http://www.caitlingreen.org/2016/05/
   a-note-on-evidence-for-african-migrants.html), Sarah Zhang ('A Kerfuffle
   About Diversity in the Roman Empire', 《The Atlantic》, 2 August
   2017: https://www.theatlantic.com /science/archive/2017/08/dna-
   romans/535701/) and Massimo Pigliucci ('Beard vs Taleb: Scientism and
   the Nature of Historical Inquiry', 《iai news》, 11 August 2017: https://
   iainews.iai.tv/articles/beardnassem-taleb-twitter-feud-and-dangers-of-
   scientismauid-

868?access=ALL).

2. On archaeology and the problem of a 'deserted' Italy, see Alessandro Launaro, 「Peasants and Slaves: the rural population of Roman Italy」 (Cambridge, 2011).

3. On the promotion of classical languages and classical studies in schools, see the websites of Advocating Classical Education (http://aceclassics. org.uk/) and the Classical Association of the Middle West and South (https://camws.org/).

3장 현재의 이해

1. On this and other aspects of the modern reception of Thucydides, see Neville Morley and Katherine Harloe, eds, 「Thucydides in the Modern World」 (Cambridge, 2012), and regular postings on http://thesphinxblog. com.

2. Karl Marx, 'Die achtzehnte Brumaire des Louis Bonaparte' [1851–], in 「Marx–ngels Werke」 (Berlin, 1960), p.116. My translation.

3. Christa Wolf, 「Kassandra」 (Darmstadt, 1983), pp.133–4. My translation. Translated into English by Jan van Heurck as 「Cassandra: a novel and four essays」 (London, 1984).

4장 미래의 예상

1. Thucydides 1.22.4.

2. Graham Allison, 「Destined for War? Can America and China Escape Thucydides's Trap?」 (New York, 2017). The Auden line comes from '1 September 1939' [1939], in 「Another Time」 (New York, 1940), p.48.

3. Edward Gibbon, 「The History of the Decline and Fall of the Roman Empire」 [1776] (new edn, R. Priestley et al.: London, 1821). Quotes from Chapter 71, in Vol. 8, pp. 358–9; four causes of destruction on p.362, elaborated over the following pages.

4. Constantin-Francois Volney, 「Volney's Ruins: or, meditation on the revolutions of empires」 [1794], trans. Thomas Jefferson & Joel Barlow (Paris, 1802), p.15.

5. David Engels, 「Le declin: la crise de l'Union europeenneet la chute de la Republique romaine」 (Paris, 2012).

6. Morris Berman, 「The Twilight of American Culture」 (New York, 2000); 'Waiting for the Barbarians', Guardian, 5 October 2001 (https://www.theguard ian.com/books/2001/oct/06/books.guardianrevie w5).

7. Friedrich Nietzsche, 'Vom Nutzen und Nachtheil der Historie fur das Leben', 「Unzeitgemasse Betrachtungen」 [1874], in 「Samtliche Werke: Kritischen Studienausgabe」 I, ed. G. Colli & M. Montinari (Berlin, 1967), p. 247. My translation.

더 읽어볼 책

Mary Beard & John Henderson, 『Classics: a very short introduction』 (Oxford, 1995)

Edith Hall, 'Classics for the People', 《Guardian》, 20 June 2015: https://www.theguardian.com/books/2015/jun/20/classics-for-the-people-ancient-greeks

Dan-el Padilla Peralta, 'Why "Why Classics?"', Stanford University, Department of Classics: https://classics.stanford.edu/dan-el-padilla-peralta-why-why-classics

Josephine Crawley Quinn, 'Against Classics', Women's Classical Committee, 27 October 2017: https://wccuk.blogs.

sas.ac.uk/2017/10/27/against-classics/

온라인 저널 《Eidolon》(https://eidolon.pub/)도 (특별히 근대 세계와의 관계 속에서) 고전 연구의 흥미로운 현황에 대해 읽어 볼 만한 자료를 제공하고 있다.

1장 고전이 마주친 문제

Edith Hall, 'Putting the Class into Classical Reception', Royal Holloway, University of London: https://www.royalholloway.ac.uk/crgr/documents/pdf/papers/classicsandclass.pdf

Neville Morley, 『Antiquity and Modernity』 (Malden, MA, 2009)

Christopher Stray, 『Classics Transformed: schools, universities, and society in England, 1830–960』 (Oxford, 1998)

2장 과거의 추적

고전 연구와 고대사에 대한 유용한 서론부터 여러 다른 자료들은 다음의 두 중요한 시리즈에서 찾아볼 수 있다.

라우틀리지Routledge 출판사의 『Approaching the Ancient World』(https://www.routledge.com/Approaching-the-Ancient-World/book-series/SE0153)

케임브리지대학교 출판사의 『Key Themes in Ancient History』(https://www.cambridge.org/core/series/key-themes-in-ancient-history/3DC870F8689FE12C7A855 D858D93B9A0)

3장 현재의 이해

Lorna Hardwick & Christopher Stray, eds, 『A Companion to Classical Receptions』(Malden, MA, 2007)

Charles Martindale & Richard F. Thomas, eds, 『Classics and the Uses of Reception』(Malden, MA, 2006)

4장 미래의 예상

Peter Frase, 『Four Futures: life after capitalism』 (London, 2016)

Jo Walton, 『The Just City』 (New York, 2015); 『The Philosopher Kings』 (New York, 2015); 『Necessity』 (New York, 2016)

서양고전 입문자를 위한 안내서
왜 지금 고전인가

1판 1쇄 찍음 2019년 10월 23일
1판 1쇄 펴냄 2019년 10월 30일

지은이 네빌 몰리
옮긴이 박홍경
펴낸이 조윤규
편집 민기범
디자인 홍민지

펴낸곳 (주)프롬북스
등록 제313-2007-000021호
주소 (07788) 서울특별시 강서구 마곡중앙로 161-17 보타닉파크타워1 612호
전화 영업부 02-3661-7283 / 기획편집부 02-3661-7284 | 팩스 02-3661-7285
이메일 frombooks7@naver.com

ISBN 979-11-88167-22-7 03100

이 도서의 국립중앙도서관 출판예정도서목록(CIP)은 서지정보유통지원시스템 홈페이지 (http://seoji.nl.go.kr)와 국가자료공동목록시스템(http://www.nl.go.kr/kolisnet)에서 이용하실 수 있습니다. (CIP제어번호 : CIP2019040590)